ALBERT VANLOO

SUR
LE PLATEAU

SOUVENIRS D'UN LIBRETTISTE

— PARIS —
LIBRAIRIE
OLLENDORFF

Société d'Éditions Littéraires et Artistiques
LIBRAIRIE PAUL OLLENDORFF
PARIS — 50, Chaussée d'Antin — PARIS

DERNIÈRES NOUVEAUTÉS

FRÉDÉRIC MASSON
(de l'Académie Française)
Pour l'Empereur

EDOUARD SCHNEIDER
Les Heures Bénédictines

FRANÇOIS FABIÉ
Moulins d'autrefois

PAUL SONNIÈS
L'Histrianon

CLAUDE CHAMPION
Des Héros 1792-1815

EUGÈNE DELARD
D'un cœur à l'autre

BINET-VALMER
La Créature

LUCIEN DESCAVES
Philémon Vieux de la Vieille

CLAUDE FARRÈRE
Thomas l'Agnelet

RENÉ PERROUT
Au Seuil de l'Alsace

ÉDOUARD QUET
L'Aventurier

CYRIL-BERGER
Cri-Cri (illustré)

GUY DE CASSAGNAC
Quand la nuit fut venue...

H. COULON et **R. de CHAVAGNES**
La famille libre

MAURICE VAUCAIRE
Le vrai Roman de Parsifal

ALBERT VANLOO
Sur le plateau

AUGUSTE LIBERT
L'Esprit des Contemporains

GEORGES OHNET
Le Partisan

RENÉ LE GENTIL
Notre Jeanne

PAUL GIAFFERI
Les Mamans

RICHARD RANFT
L'Illustre Famille

ÉDOUARD GACHOT
Les Soldats de l'Épopée

MAURICE DREYFOUS
Ce qu'il me reste à dire

NEEL DOFF
Contes Farouches

SUR LE PLATEAU

IL A ÉTÉ TIRÉ A PART

Cinq exemplaires sur papier de Hollande

Numérotés à la presse.

ALBERT VANLOO

SUR

LE PLATEAU

SOUVENIRS D'UN LIBRETTISTE

PRÉFACE
DE
CHARLES LECOCQ

PARIS

Société d'Éditions Littéraires et Artistiques
LIBRAIRIE PAUL OLLENDORFF
50, CHAUSSÉE D'ANTIN, 50

Tous droits réservés

A M. GEORGES BERTHOULAT,

Cordial souvenir

de son bien reconnaissant

A. V.

PRÉFACE

Mon cher ami,

Jadis, quand tu m'apportais une œuvre inédite de toi, c'était habituellement pour me charger d'en écrire la musique. Tu me trouvais toujours prêt : tracer des notes sur du papier réglé, c'était pour moi comme une fonction naturelle, que j'accomplissais chaque fois avec une joie nouvelle : ainsi vinrent successivement *Giroflé-Girofla, la Petite Mariée, la Marjolaine, la Camargo, la Jolie Persane, le Jour et la Nuit, Ali-Baba* et *la Belle au bois dormant.*

Mais les temps sont changés : aujourd'hui

c'est une préface que tu exiges. Une préface, y songes-tu ? Et pour un livre qui n'en a nul besoin, car ce livre, je l'ai lu tout d'une haleine et je dois t'avouer ingénument que les passages qui rappellent le temps où je fus ton collaborateur sont ceux qui, tout d'abord, m'ont le plus intéressé. S'ils ne m'apprennent rien de nouveau, ils me font revivre une partie de ma vie, la plus belle, celle du travail et du succès, et, pour un auteur comme pour un soldat, relire ses campagnes, c'est retrouver pour un moment les émotions d'autrefois et humer en imagination le parfum de la gloire passée. J'imagine que toi-même tu as dû ressentir une certaine satisfaction à retracer l'heureuse époque de nos travaux communs. Pourquoi faut-il que ces souvenirs soient mêlés d'un douloureux regret, celui de la disparition prématurée de ce cher Leterrier, qui complétait si bien notre laborieuse trinité ?

La part faite de ce qui me concerne personnellement, je reviens à ton livre, rempli d'anecdotes des plus amusantes, dont un grand nombre sont nouvelles pour moi. Je me suis bien attendri aux chapitres consacrés à Samary, que j'ai connue un peu, à Noriac, que j'ai beaucoup connu, et à ce pauvre Chabrier, que j'ai vu dépérir petit à petit. Riche nature, celui-là, dont on peut dire qu'il fut victime de son art.

Je me suis délecté aux détails circonstanciés que tu donnes sur certaines pièces de ton répertoire — et quelquefois du mien. Nous avons tous deux, séparés ou réunis, obtenu bien des succès et, si je n'ai pas eu le plaisir d'associer mon nom à ceux que t'ont valus *l'Étoile*, *le Voyage dans la lune*, *le Roi de Carreau*, *le Droit d'aînesse*, *le Petit Poucet*, *l'Arbre de Noël*, *le Beau Nicolas*, *la Gamine de Paris*, *la Gardeuse d'oies*, *le Pays de l'Or*, *les Petites Michu*, *les Dragons de l'Impératrice*, et cette si charmante *Véronique*, du moins ne me suis-je pas fait faute d'y applaudir de tout mon cœur.

Nous avons ainsi continué notre route, toi sans t'arrêter encore, moi en m'arrêtant plus tôt que je n'aurais voulu, par suite de la campagne menée par une certaine presse qui, malgré tout, n'a pu en arriver à ses fins.

Pauvre opérette, l'a-t-on assez malmenée, l'a-t-on assez accablée de horions, de calomnies et de mépris! Mais les mécontents et les envieux n'ont tout de même pas réussi à la tuer tout à fait. Ils ont eu beau s'acharner à la replonger au fond de l'eau, de temps à autre elle reparaissait à la surface, peut-être à cause de sa légèreté, Ceux qui disent que la musique légère insulte au grand art disent une ânerie. Ce n'est ni toi ni moi qui l'avons inventée, elle a existé de tout temps sous d'autres noms et elle existera toujours, comme toutes les choses qui ont leur raison d'être. En France, on ne tuera jamais l'esprit gaulois et l'on continuera à aimer la femme qui rit à l'égal de celle qui pleure ou qui rugit.

Reproche-moi, si tu veux, de bavarder à tort et à travers : ce sont tes souvenirs qui en sont la cause, car ils ont réveillé les miens. C'est toi qui as commencé! Et tu as joliment bien fait de livrer au public cette suite de souvenirs des plus intéressants, en les lui présentant sous une forme attrayante et *bon enfant* qui en augmente le charme et le mérite. Ceux de tes lecteurs qui auront connu plus ou moins les personnages dont tu parles seront heureux de les retrouver dépeints avec autant d'exactitude que d'esprit, sans aucun mélange de critique inutile. Ces qualités dont tu fais preuve sont assez rares aujourd'hui pour qu'on les apprécie. Et ce qui donne du prix et de l'intérêt à tes récits, c'est qu'ils ne visent point à l'effet et l'obtiennent justement par leur simplicité, leur bonhomie et leur sincérité. Bon succès aux *Souvenirs d'un librettiste*, c'est ce que je leur souhaite.

— Mais, vas-tu me dire, et ma préface?

— Eh bien! mon cher, ta préface tu ne l'auras pas, voilà tout.

Par contre, ce que tu auras toujours, c'est ma vieille et franche amitié.

Charles LECOCQ.

SUR LE PLATEAU

I

L'Opérette en sous-sol.

Une morte qui se porte bien. — Un théâtre dans une cave. — *Malborough s'en va-t-en guerre*. — Quatre compositeurs pour une seule partition. — Charles Lecocq et la musique des autres. — Un accompagnateur qui a fait son chemin. — *L'Amour et son carquois*. — *Fleur de Thé*. — Deux pitres épiques. — Un artiste trop rabelaisien. — Situation sauvée. — *Le Petit Poucet*, de Laurent de Rillé. — Le gaz en voiture. — Des auteurs qui éclairent. — Le champagne du directeur. — *Les Horreurs de la guerre* et le fusil à aiguille.

L'opérette est d'actualité, en ces jours où l'on ne parle que de sa renaissance.

Terme impropre, du reste, puisque pour renaître, il est de toute nécessité d'être mort au préalable et que l'opérette n'a jamais été morte — ajoutons : et qu'elle ne le sera jamais, tant elle est dans le sang du Français « né malin ». Qu'est-elle, en effet, sinon une autre forme, rajeunie et modifiée, des anciennes comédies à ariettes et des premiers opéras-comiques qui leur avaient succédé ?

Non, l'opérette n'était pas morte ; elle sommeillait, tout simplement, comme avait sommeillé pendant quelques années le vaudeville détrôné par elle, jusqu'au moment où il est revenu la bannir à son tour des différentes scènes qu'elle avait peu à peu conquises. Chassé-croisé que nous reverrons sûrement encore, la mode étant essentiellement changeante, capricieuse — et recommençante.

Aussi le moment est-il opportun pour évoquer, au hasard de la plume, quelques souvenirs de choses vues et retenues au cours d'un bon demi-siècle.

Il semble bien qu'on ait déjà tout dit sur les grandes opérettes d'Offenbach. Et pourtant !... Mais de combien d'autres compositeurs y aurait-il lieu de parler, en particulier de ceux dont les premières pièces à succès se jouèrent dans une cave !

Dans une cave, oui, c'est-à-dire à l'Athénée — l'ancien, celui de la rue Scribe, aujourd'hui disparu, remplacé par un hôtel et dont peu de Parisiens, sans doute, ont conservé le souvenir.

Un théâtre bizarre que cet Athénée ! C'était, à l'origine, une salle destinée aux concerts, que le banquier Bischoffsheim — le père de Raphaël Bischoffsheim, « l'ami des étoiles » — avait fait construire dans la cour d'un de ses immeubles. Pour ne pas modifier la maison elle-même, on avait creusé la cour, et la salle était complètement en sous-sol.

Le contrôle franchi, on se trouvait de plain-pied aux deuxièmes loges. Un étage plus bas, on arrivait aux fauteuils de balcon. Un étage encore, et c'était l'orchestre. Les coulisses à l'avenant ; quand on voulait gagner les loges des artistes par la rue des Mathurins, on avait la sensation de descendre dans quelque catacombe.

Ce qui n'empêchait pas ladite salle d'être jolie, coquette et même assez confortable.

**

L'Athénée-concert ne dura que peu. L'opérette le guettait et, au bout de quelques mois, l'Athénée-Théâtre, sous la direction Sari et Busnach, faisait son ouverture, le 13 décembre 1867, avec un *Malborough s'en va-t-en guerre*, offrant cette particularité d'avoir été écrit par quatre compositeurs différents, un par acte, qui se présentaient dans l'ordre suivant : Georges Bizet, Émile Jonas, Isidore Legouix et Léo Delibes. Or, les études musicales de cet opéra-bouffe étaient dirigées par un jeune artiste de talent qui avait déjà donné aux Folies-Marigny, où régnait l'acteur Montrouge, quelques petits actes bien accueillis : il s'appelait Charles Lecocq.

Dans ce modeste accompagnateur, passant avec résignation tous ses après-midi au piano pour seriner leurs rôles à des acteurs plus ou moins bien doués, qui donc aurait jamais deviné le futur rival heureux du grand maître d'alors, de Jacques Offenbach? Et, cependant, les temps étaient proches !

**

Tout en faisant répéter la musique de ses confrères, Lecocq écrivait pour son compte celle d'un ouvrage en deux actes, *l'Amour et son carquois*, qui devait figurer dans le spectacle suivant et qui passa, du reste, assez tôt, *Malborough* ayant laissé le public indifférent à ses aventures conjugales.

En même temps, William Busnach lui confiait un livret que Chivot et Duru venaient d'apporter au théâtre et qui était destiné à faire connaître enfin aux deux directeurs associés la joie des belles recettes trop longtemps attendues. C'était *Fleur de Thé*, dont les représentations devaient durer jusqu'à la fermeture d'été, pour reprendre à la réouverture.

Cette fois, le succès était décisif, et Charles Lecocq allait commencer à compter aux yeux des directeurs des autres scènes. N'avait-il pas eu, de plus, la grande surprise de voir le compositeur déjà célèbre de la *Statue* décerner de précieux éloges à *Fleur de Thé* dans son feuilleton musical des *Débats*, où l'opérette se glissait pour la première fois?

La pièce était jouée par Désiré, Léonce et Mmes Lovato — bientôt remplacée par Irma Marié — et Lucy Abel, plus un jeune ténor, du nom de Sytter, assez inexpérimenté mais possédant une jolie voix et dont ce fut le premier et unique rôle. Les représentations en furent joyeuses, les artistes s'amusant tout autant que le public aux fantaisies sans cesse renouvelées, aux « cascades » inépuisables des deux pitres épiques Désiré et Léonce. Un couple merveilleusement assorti d'ailleurs : Léonce, long, mince, blême, flegmatique; Désiré, court, ventru, haut en couleur, la figure épanouie, l'air tout à fait rabelaisien.

Rabelaisien, il le fut même avec exagération, certain soir qu'il avait trop bien dîné. En le voyant entrer en scène, tout le monde, dans les coulisses, fut pris d'inquiétude. Pourtant, le premier acte se passa sans encombre. Le bonhomme avait bien la parole un peu lourde et les jambes flageolantes, mais, grâce à son autorité et à sa grande habitude, il s'en tirait tout de même, se bornant par instants à rouler de-ci de-là, puis se reprenant très vite et ne manquant ni une réplique ni un jeu de scène.

Mais, quelle catastrophe au second acte! Jusque-là, il n'avait fait que « dodeliner de la tête »; cette fois, il « barytonna »...

Il y eut dans la salle un gros moment de stupeur. Fallait-il rire ou se fâcher? Ce fut Léonce qui sauva la situation : à l'instant même, entrait en scène le ténor Sytter, qui devait, par tradition, taper sur le ventre de Désiré. Comme il esquissait le geste, Léonce l'arrête et, d'une voix grave et triste, en levant le doigt au ciel :

— Non ! Pas ce soir.

Un immense éclat de rire secoua tous les spectateurs et Désiré, subitement dégrisé, put terminer la pièce avec sa verve et son succès des meilleurs jours.

..

Après *Fleur de Thé*, le *Petit Poucet*, de Laurent de Rillé, dont le livret avait été écrit par deux jeunes auteurs déjà inséparables, Eugène Leterrier et Albert Vanloo, et où débutaient Anna Van Ghell, qui arrivait de Bruxelles, et le bon gros Daubray, qui, lui, venait tout simplement du Théâtre Déjazet.

La pièce marchait fort bien, mais le Pactole amené dans la caisse par la première série de *Fleur de Thé* s'était épuisé à la longue depuis la réouverture et l'on vivait au jour le jour, en payant par acomptes sur la recette de chaque soir, les arriérés dûs aux décorateurs, aux costumiers et aux autres fournisseurs, sans compter les artistes. Voilà qu'un beau jour, peu de temps après la première, Laurent de Rillé accourt chez un de ses collaborateurs :

— Mon cher, nous sommes perdus ! On ne jouera pas ce soir. Et il y a plus de trois mille cinq de location !

— Pourquoi, alors ?

— Le gaz ! Le gaz, pour lequel il faut payer immédiatement huit cents francs ; sinon, on refuse la fourniture. Et ces huit cents francs, impossible de les prendre sur la location : tout est déjà distribué. Un seul moyen, c'est de les demander à notre éditeur en avance sur la prime qu'il nous doit à la vingt-cinquième. Quelle perte pour lui s'il laisse arrêter la pièce un seul jour ! Il ne peut pas nous refuser.

C'était puissamment raisonné : l'éditeur s'exécuta séance tenante, et les deux auteurs de courir au théâtre devant lequel attendaient les voitures de la compagnie : l'Athénée était alors, ainsi que les Folies-Bergère et d'autres établissements, éclairé par le gaz portatif que l'on amenait chaque jour dans d'énormes voitures à réservoir dont les passants s'écartaient prudemment, par crainte d'explosions, comme il s'en était déjà produit, rue de Rambuteau, par exemple, en face des grands magasins du Colosse de Rhodes. Plus de danger de cette sorte aujourd'hui, mais comme il est avantageusement remplacé par les autos, les tramways et tous ces *bus* aussi redoutables pour ceux qui sont dedans que pour ceux qui n'y sont pas !

⁂

Cette alerte passée, le *Petit Poucet* retrouva son chemin semé de cailloux d'or et, bien souvent, après le second acte, on se réunissait dans la plus grande loge du théâtre, celle de la joviale Lasseny, pour fêter ce sauvetage en vidant une coupe de champagne.

Un beau soir, le directeur Busnach, qu'on voyait très rarement sur la scène, surgit au milieu de la fête et, moitié riant, moitié sérieux, s'en prend aux auteurs de venir troubler la représentation de leur pièce.

— Vous pourriez au moins attendre la fin du troisième acte !

Là-dessus, le champagne est supprimé. Quelques jours après, Busnach retourne droit à la loge :

— Comment ! Pas de champagne ce soir !
— Dame ! Vous l'avez interdit.
— Ah ! Eh bien ! Je vais en envoyer chercher !

Au *Petit Poucet*, succéda un spectacle coupé, dont faisaient partie les *Horreurs de la Guerre*, de Philippe Gille et Jules Costé, et où se trouvaient annoncées, dans des couplets badins, les victoires qu'on attendait du fusil à aiguille :

>   Nous avons des fusils
>   Se chargeant par la culasse :
>   Au dehors, c'est gentil,
>   Mais, au dedans, ça s'encrasse...

Puis, ce fut la fin, puis l'Année terrible. L'Athénée avait fermé ses portes, après avoir permis à trois musiciens encore peu connus, Charles Lecocq, Laurent de Rillé et Jules Costé, de fixer enfin sur eux l'attention du public.

Quel joyeux théâtre, en somme, et qui rendit de réels services, que ce théâtre enfoui sous terre et où les auteurs, à certains soirs, se voyaient forcés d'éclairer pour que la salle le fût !

13 novembre 1911.

II

Les Cent Vierges.
La Fille de Madame Angot.

L'opérette après la Commune. — Départ pour la Belgique. — Eugène Humbert. — L'Alcazar Royal et le Théâtre des Fantaisies-Parisiennes. — Un directeur optimiste. — Un succès qui se fait trop attendre. — Une première dans la capitale du Brabant. — *Les Cent Vierges.* — Une représentation par vierge. — De Bruxelles aux Variétés. — Les suites d'une idée. — *La Fille de Madame Angot.* — Le luxe à prix réduit. — Les rideaux de Mlle Lange.

C'était en 1871, après la triste année de la guerre et de la Commune. Les théâtres venaient de faire, en septembre, leur réouverture et le public, longtemps sevré de son plaisir favori, y courait avec empressement. Les directeurs faisaient des affaires d'or, ainsi que les auteurs — ceux du moins qui avaient la chance d'être sur l'affiche. Mais trois salles seulement restaient ouvertes à l'opérette : les Variétés, où la reprise des *Brigands* avait retrouvé une vogue qui dépassait celle de la création; les Folies-Dramatiques, où le *Petit Faust* avait recommencé le cours de ses exploits après que le *Canard à trois becs* d'Émile Jonas y eut lancé ses derniers coins-coins par la voix tonitruante d'un baryton du nom de Vauthier, destiné à devenir célèbre, et les Bouffes-Parisiens, tout à la dévotion d'Offenbach, qui y faisait rejouer la *Princesse de Trébizonde*. En dehors de cela, rien pour les autres compositeurs.

Charles Lecocq, depuis le grand succès de *Fleur de Thé*, n'avait pu trouver le moyen de faire représenter une pièce importante. Tout au plus avait-il pu donner aux Bouffes quelques petits actes tels que le *Testament de Monsieur de Crac* ou le *Rajah de Mysore*, qu'on s'étonne de ne voir repris par aucun théâtre, ou encore le *Beau Dunois*. Las d'attendre une occasion qui ne venait pas, il résolut de la faire naître et s'en ouvrit au directeur de l'Alcazar de Bruxelles, qu'il connaissait justement pour lui avoir donné le *Beau Dunois*.

***

Un homme charmant que cet Humbert, et dont

tous ceux qui l'ont connu ont conservé le plus aimable souvenir. Ce grand garçon si gai, si accueillant, si serviable, à la mine ouverte, à la voix chaude, d'une activité joyeuse, avait la passion du théâtre. Ayant pris la direction de l'Alcazar Royal de la rue d'Arenberg, alors simple café-concert, il s'était promis d'en faire un jour une scène rivalisant avec celle, toute voisine, des Galeries Saint-Hubert. Et il avait toutes les qualités voulues pour se tenir parole. Il avait surtout celle qui agit le plus sûrement, la constance et une foi inébranlable dans tout ce qu'il entreprenait. Jamais on ne vit un optimisme aussi complet. Dès qu'il avait une pièce entre les mains, c'était un chef-d'œuvre et, pas un instant, il ne doutait de la réussite. A ce point qu'un soir, après une première plutôt douteuse, je l'ai entendu dire à un des auteurs :

Je suis bien tranquille! Ça marchera cent fois, vous verrez. D'abord, je vous garde ici jusqu'à ce que ce soit un succès!

— Oh! non! répondit l'autre. Je risquerais trop de ne jamais rentrer à Paris!

Donc, Humbert, après avoir amené chez lui la foule avec Judic qu'il était venu prendre à notre Eldorado, se mit à glisser sur son affiche un acte, puis deux, puis trois. Puis, il supprima complètement les chansonnettes et, tout en conservant le sous-titre d'Alcazar Royal qui avait la vogue, il intitula bravement l'ancien café-concert « Théâtre des Fantaisies-Parisiennes » et entreprit d'y jouer de grandes opérettes en trois actes prises dans le répertoire des théâtres de Paris.

Aussi la proposition de Lecocq arrivait-elle à pic. Jouer une pièce nouvelle, donner sur son théâtre une vraie première, quel rêve! Voilà qui ne manquerait pas de faire du bruit dans « le Tout-Bruxelles »!

Cela en fit, en effet, et, lorsque le rideau se leva sur les *Cent Vierges* de MM. Clairville, Chivot, Duru et Charles Lecocq, la salle était bondée d'un public surchauffé et tout disposé à applaudir. Il faut se rappeler qu'à cette époque déjà lointaine, l'exportation des pièces inédites était chose absolument inconnue.

Le succès fut chaleureux et l'opérette nouvelle se joua cent fois de suite :

— Une fois par vierge! disait Humbert.

Bertrand, qui n'aurait certes pas voulu de l'ouvrage si on le lui avait proposé tout d'abord, s'empressa d'aller le voir à Bruxelles et de le ramener à Paris; c'est ainsi que Lecocq rentra triomphalement aux Variétés, après avoir pris le chemin de fer du Nord, aller et retour, ce qui se trouva — pour cette fois, savez-vous? — le plus court chemin.

Ce succès des *Cent Vierges* devait avoir une suite : trois hommes se rencontrèrent, dont deux eurent une idée. Le premier, Victor Koning, pensa que, puisqu'une pièce nouvelle avait pu se jouer cent fois à Bruxelles et revenir de là à Paris, il y aurait encore une excellente affaire à tenter. Ce fut son idée, qu'il communiqua à Siraudin.

Celui-ci, grand paresseux, mais connaissant à fond l'ancien théâtre, eut à son tour l'idée que, dans toute la série des *Madame Angot* d'Aude, qui eurent tant de succès en 1803 et durant les années suivantes, il y aurait peut-être une mine à exploiter. Quant au troisième, Clairville, il n'eut pas d'idée : il se contenta d'imaginer et d'écrire les trois actes d'une pièce dont Lecocq se mit à composer la musique et que le rayonnant Humbert reçut à bras ouverts.

Un an à peine après les *Cent Vierges*, le « Théâtre des Fantaisies-Parisiennes (Alcazar Royal) » de Bruxelles donnait, le 4 décembre 1872, la première représentation de la *Fille de Madame Angot*, qui devait faire la fortune des auteurs et celle de tant de directeurs de tous les pays du monde.

Ce que c'est, tout de même, que d'avoir une idée ! — Et même de ne pas en avoir !

.•.

Deux mois et demi plus tard, — exactement le 21 février 1873, — l'opéretto qui faisait courir les Bruxellois était donnée à Paris sur la scène des Folies-Dramatiques. Le directeur, Cantin, comptait bien sur un succès, mais sans prévoir les proportions qu'il devait prendre. Aussi, tout en faisant fort convenablement les choses, s'était-il abstenu de toute vaine prodigalité. Il avait, notamment, avisé, dans un magasin qui venait de s'ouvrir au coin de la rue d'Uzès et de la rue Montmartre, de superbes tentures jouant à s'y méprendre les plus riches étoffes et qui étaient tout simplement en papier.

— Voilà, s'était-il dit, qui fera admirablement l'affaire pour les rideaux du salon de Mme Lange, au second acte.

Et, de fait, les pseudo-rideaux remplirent leur rôle aussi bien qu'on pouvait le désirer. Mais voilà qu'au moment où commençait le final, un malencontreux courant d'air dirigea sur l'un d'eux la flamme d'une applique et que le papier se mit à brûler, menaçant de mettre le feu aux frises. Par bonheur, personne ne perdit la tête ni sur la scène ni dans la salle. Les artistes s'interrompirent, un brave pompier de service arriva tranquillement avec un seau et une éponge, arracha le rideau, l'éteignit sous ses pieds et rentra dans la coulisse en disant :

— Et voilà !

Puis, Desclauzas reprit le final :

Tournez ! Qu'à la valse on se livre !

et l'acte se termina au milieu des *bis*, des applaudissements et des rappels. On avait tout à fait oublié cet incident, qui aurait pu devenir tragique. Il est vrai qu'à cette époque il n'y avait pas eu l'incendie du théâtre An der Wien, ni celui de l'Opéra-Comique, et que le public n'était pas disposé à s'affoler comme il le ferait maintenant à la moindre alerte.

Mais c'est égal, pour un mauvais début, les rideaux de papier avaient eu un mauvais début et, dès le lendemain, ils étaient remplacés par de bonnes et sérieuses soieries pour lesquelles, cette fois, Cantin ne regarda pas à la dépense : les quatre cent onze représentations consécutives qu'allait avoir la *Fille de Madame Angot* pouvaient lui permettre ce luxe. Qui sait même si cet homme, habile à calculer, n'avait pas quelque intérêt dans la maison où il se fournissait de ces riches tentures?

5 janvier 1912.

III

A la Renaissance, de 1873 à 1875.

La naissance de la Renaissance. — Un restaurant disparu. — *La Femme de feu*. — Hippolyte Hostein. — Un directeur au-dessus de ses affaires. — Aussi fort que Mercadet. — *Thérèse Raquin*. — Association Hostein-Offenbach. Une troupe inutilisée. — *La Jolie Parfumeuse* et les débuts de Louise Théo. — Deux premières le même jour. — Du Châtelet à la Porte Saint-Martin. — Une soirée en fiacre. — Les trucs récalcitrants. — Thérésa et Paulin-Ménier, dans la *Famille Trouillat*. — *Giroflé-Girofla*. — Les inconvénients d'un succès. — Prévision démentie.

A l'angle de la rue de Bondy, dans la pointe qu'elle forme avec le boulevard et juste à côté du théâtre de la Porte-Saint-Martin, se trouvait, sous le second Empire, le restaurant Deffieux, qui avait eu son moment de vogue, rivalisant avec les autres traiteurs célèbres du quartier, mais dont le souvenir lui-même a disparu.

Pendant les derniers jours de la Commune, le théâtre et le restaurant avaient été incendiés. Sur l'emplacement de ce dernier, l'architecte Delalande, propriétaire du terrain, entreprit alors de construire une salle de spectacle — le théâtre de la Renaissance actuel — dont les destinées, depuis trente-huit ans, ont été si diverses et, parfois, si heureuses.

∴

C'est le 8 mars 1873 que la Renaissance fit son ouverture avec un drame d'Adolphe Belot, *la Femme de Feu*, tiré d'un roman paru dans le *Figaro* et dont le succès avait été très vif, grâce surtout à certaine description suggestive d'un bain pris la nuit par l'héroïne dans la mer phosphorescente. On parla beaucoup de cette scène, qui paraissait alors des plus osées. Nous en avons vu bien d'autres depuis et, aujourd'hui, ce bain-là nous laisserait assez froids, — si j'ose dire.

Hélas ! au théâtre, le fameux bain fut loin de donner l'effet qu'on en attendait ! D'abord, la mer phosphorescente, plus ou moins bien représentée par des gazes lamées, avait plutôt l'air d'un aquarium. D'ailleurs, il n'avait pas été possible de conserver à la jolie baigneuse le costume, c'est-à-dire la négation de costume qui avait produit tant d'effet dans la description du roman. On n'y regarderait plus de si près, maintenant que la tenue de notre mère Ève est devenue courante dans beaucoup d'exhibitions dites « artistiques. »

.*.

Le directeur qui avait pris en mains le nouveau théâtre était Hippolyte Hostein, jadis célèbre pour l'éclat de ses grandes mises en scène dans lesquelles il arrivait souvent à égaler Marc Fournier, le maître d'alors. Au Théâtre Historique, avec les grands drames d'Alexandre Dumas, puis à la Gaîté et enfin au Châtelet, il avait eu des directions, sinon fructueuses, du moins fort brillantes. Dans ce dernier théâtre, il avait même connu le grandissime succès avec la féerie de *Cendrillon*, qui n'eut pas moins de quatre cents représentations. Il y avait surtout, après le tableau du bal, une poursuite aux lanternes dont l'effet était prodigieux et qui était demeurée légendaire.

Puis les mauvais jours étaient venus. Hostein avait dû quitter Paris et s'en était allé au Caire, où il ne resta d'ailleurs que fort peu. Quand je l'ai connu, il était déjà blanchissant, vieilli et découragé, disant avec un sourire désabusé, alors qu'il venait d'emménager rue de Bondy dans une maison donnant sur le boulevard et dont le premier étage était occupé par un commissionnaire au Mont de Piété :

— Enfin ! Me voilà sûr d'être toujours au-dessus de mes affaires.

Encore actif malgré tout, puisqu'il n'avait pas hésité, en même temps qu'il prenait la direction de la Renaissance, à y joindre celle du Châtelet qui se trouvait vacante, sans renoncer pour cela au feuilleton dramatique qu'il faisait chaque semaine au rez-de-chaussée du *Constitutionnel*.

C'était un homme aimable et doux, le teint d'un créole, les manières pondérées d'un ancien magistrat, fort lettré, s'exprimant avec une aisance tranquille et un don de persuasion qui l'aidaient à se tirer, sans avoir l'air d'y faire effort, de situations souvent plus que difficiles.

De ce don de persuasion, on citait même un exemple bien frappant et presque aussi merveilleux que les féeries qu'il avait mises à la scène.

Cela remontait à pas mal d'années déjà, au

temps où la prison pour dettes existait encore rue de Clichy. Poursuivi par des créanciers qui ne voulaient pas entendre raison, Hostein, sous le coup d'une contrainte par corps, est cueilli un beau matin par un garde du commerce qui l'emballe dans un fiacre, à destination de « Clichy ».

En route, on cause. Hostein déplore l'incident qui vient se jeter à la traverse de tous les projets qu'il avait en tête et qui devaient le sortir d'embarras. Il les dit, ces projets si séduisants, il les explique, il les développe avec une confiance, une sûreté, une précision telles que le garde du commerce — homme peu sensible par métier, comme bien l'on pense — s'en trouve tout ébloui. Changement à vue! Celui-ci donne ordre au fiacre de rebrousser chemin, se fait conduire chez lui et y prend l'argent nécessaire pour payer les dettes de son captif. Non content de cela, il met à sa disposition toutes ses économies et s'attache à sa fortune en qualité d'administrateur. Balzac aurait-il imaginé mieux pour son Mercadet?

***

Après le drame de Belot qui, en dépit de son titre, n'avait été qu'un feu de paille, Hostein fit diverses tentatives du même genre et, entre autres, le 11 juillet 1873 — il y avait alors des auteurs qui n'hésitaient pas à risquer une pièce nouvelle en plein cœur de l'été — il donnait la *Thérèse Raquin* d'Émile Zola, reprise depuis à l'Odéon, mais dont un tableau à sensation, celui de la noyade, ne réussit pas à fixer le succès.

Décidément, ce joli théâtre n'était pas fait pour le sérieux; on appela la musique à la rescousse. A ce moment même, Offenbach, qui venait de prendre la direction de la Gaîté, avait sur les bras toute une troupe d'opérette engagée à grands frais et qui allait se trouver immobilisée pendant de longs mois par les représentations du *Gascon* de Théodore Barrière et de la *Jeanne d'Arc* de Jules Barbier.

Le directeur de la Renaissance n'eut donc pas de peine à s'entendre avec celui de la Gaîté pour qu'un certain nombre des artistes inoccupés vînt s'établir provisoirement au boulevard Saint-Martin. On improvisait un spectacle coupé, qui passait le 4 septembre suivant et dont faisaient partie la *Chanson de Fortunio* et un petit acte nouveau, *Pomme d'api*, de Ludovic Halévy et William Busnach — musique d'Offenbach, naturellement — joué par Daubray, Mme Peschard et une jeune débutante que l'auteur d'*Orphée aux enfers* avait découverte à l'Eldorado et engagée sur-le-champ, en lui jurant qu'avant peu il ferait d'elle une étoile. Et il tint brillamment sa parole, puisque cette débutante n'était autre que Louise Théo — devenue depuis l'heureuse et charmante femme du plus grand marchand de tableaux de New-York.

Pendant que ce premier spectacle commençait à attirer le public dans la salle enfin déseguignonnée, Offenbach se hâtait d'achever une partition sur un livret en trois actes de Crémieux et Blum et, dès le 29 novembre, on donnait la *Jolie Parfumeuse* avec Daubray, Bonnet, le baryton Troy, mort il y a quelques années régisseur à l'Opéra-Comique, Mme Laurence Grivot et, enfin, Théo qui, ce soir-là, enleva d'emblée « ses éperons d'étoile », comme le lui dit son joyeux camarade Christian, enchanté de cette métaphore hardie. Ce fut la vraie vogue, qui persista aussi longtemps que dura l'association des deux directeurs.

Quand Offenbach eut repris sa troupe, Hostein, resté seul, essaya de frapper un coup en remontant, à grand renfort de trucs, de talismans et de changements à vue, une ancienne féerie de Clairville et des frères Cogniard, les *Bibelots du*

Diable, jouée jadis aux Variétés et pour laquelle il avait engagé deux artistes aimés, Montrouge et la joyeuse Silly.

J'ai dit que ce directeur était un homme actif : il le prouva à cette occasion. En même temps qu'il montait les *Bibelots* à la Renaissance, il mettait sur pied au Châtelet les *Amours du Diable*, l'opéra-comique à spectacle d'Albert Grisar, avec Paola Marié et une belle et charmante cantatrice qui avait passé par l'Opéra et y avait même créé le petit rôle du pâtre, dans *Tannhauser* : Mélanie Reboux. Pour comble de dilettantisme, il affichait les deux premières en même temps et on le vit toute la soirée faire la navette entre ses deux théâtres, courant de la Porte-Saint-Martin à la place du Châtelet, et réciproquement. Le cocher, qu'il avait retenu à l'heure, crut positivement que son client était devenu fou.

Du reste, les *Amours du Diable*, les *Bibelots du Diable*, c'était trop de diables à la fois et c'eût été bien le diable si le diable ne s'en était pas mêlé. Pendant que la représentation du Châtelet se déroulait assez tranquillement, mais sans provoquer beaucoup d'enthousiasme de la part du public, celle de la Renaissance se trouvait fortement accidentée. Tous les trucs, tous les changements, qui avaient à peu près marché à la répétition générale, semblaient s'être donné le mot pour rater avec un ensemble désespérant. Un personnage disait :

— Je veux que cette chaumière se transforme en palais.

La chaumière demeurait immobile, malgré les efforts des machinistes qu'on voyait se démener désespérément derrière les châssis récalcitrants.

Montrouge, juché sur le haut d'un rocher, s'écriait en agitant un talisman :

— Je veux descendre!... Ah! Enfin! je descends!

Et le rocher se mettait à monter encore plus haut.

A la fin, Hostein, pour ne pas succomber à la tentation de s'arracher les cheveux, prit le parti de s'en aller :

— Ils ont encore trop de choses à souhaiter, dit-il. Je préfère retourner au Châtelet !

***

Malgré son goût pour la grande mise en scène, Hostein se voyait forcé de revenir à l'opérette, qu'il n'aimait guère, s'y trouvant par trop à l'étroit. Donc, après avoir fermé son théâtre pendant l'été, il donnait, à la réouverture de la saison, une opérette nouvelle d'Hector Crémieux, Jaime et Léon Vasseur, où devaient être réunis les noms de Paulin-Ménier et de Thérésa. Malgré la présence bien escomptée du créateur du *Courrier de Lyon* et de la chanteuse populaire, le sort de cette pièce, la *Famille Trouillat*, fut éphémère. Il n'en est guère resté qu'un refrain :

> C'est les Normands, m'a dit ma mère,
> C'est les Normands qu'a conquis l'Angleterre !

que jouent encore les musiques militaires et que quelques gens fredonnent sans savoir d'où il vient.

Enfin, le 11 novembre de la même année, avait lieu la première représentation de *Giroflé-Girofla*, dont le succès avait été très grand à l'Alcazar royal de Bruxelles et où débutait Jeanne Granier.

Cette fois, le public revint en foule et le bureau de location dut être doublé pour répondre à toutes les demandes. Hostein aurait dû se trouver au comble de la joie. Point ! On le voyait arriver au théâtre, sombre, inquiet, taciturne, s'empressant de gagner son cabinet et de s'y enfermer.

— Que le diable emporte votre succès ! disait-il aux auteurs. J'étais bien plus tranquille avant !

C'est que, si la Renaissance faisait autant d'argent qu'on pouvait le souhaiter, le Châtelet en avait dévoré d'avance la plus grande partie et que les créanciers, qui s'étaient tenus cois jusque-là, accouraient en bande pour se partager la mine d'or qui venait de s'ouvrir. Complètement débordé, le trop heureux directeur ne savait auquel entendre et il lui fallut deux bons mois avant d'avoir apaisé la meute qu'il avait à ses trousses.

Toutes ces luttes l'avaient fatigué et dégoûté. Après un nouveau succès avec la *Reine Indigo* de Johann Strauss, il se décida à passer la main et à céder la Renaissance à Victor Koning, à qui la *Fille de Madame Angot* venait de rapporter la forte somme.

Je me souviens encore de son mot en remettant le théâtre à son successeur :

— Mon cher, je suis obligé de vous imposer une pièce des auteurs de *Giroflé-Girofla*, reçue par traité et sur laquelle je ne compte pas. Mais en revanche je vous laisse la *Filleule du Roi*.

La *Filleule du Roi* se joua à peine une vingtaine de fois. Quant à la pièce « imposée par traité », et sur laquelle il n'y avait pas à compter, c'était la *Petite Mariée*.

Après cela fiez-vous donc aveuglément aux pronostics et aux jugements des directeurs !

14 janvier 1912.

IV

Un bal chez Judic.

Modestes débuts d'une étoile. — *L'Affaire est arrangée,*
« N'est-ce pas, ma sœur? ». — Du Gymnase au café-
concert. — *Le Sentier couvert.* — Tournée en Bel-
gique. — Judic et les gendarmes. — *Le Roi Carotte*
et *La Timbale d'argent.* — De la rue de la Fidélité à
la rue de Boulogne. — Pendaison de crémaillère. —
Une fête que l'on ne pourrait plus recommencer. —
Le cocher de nuit. — La future *Manon* de Massenet.
Le dessinateur Grévin. — Un déguisé en habit noir.
— Le crâne de Siraudin.

Il y a quelques semaines déjà, on annonçait la
dispersion aux enchères de nombreux souvenirs
de cette artiste exquise et cela m'a remis en mémoire les temps déjà si lointains où j'assistais
aux débuts de celle qui allait être pendant de
longues années une des divas favorites des Parisiens.

⁎

C'est au Gymnase qu'Anna Judic, Anna Damiens, de son nom de jeune fille, parut pour la première fois devant le public, le 1er septembre 1867, dans un acte d'Édouard Cadol et William Busnach, *l'Affaire est arrangée*, où l'acteur Pradeau lançait à tout propos à sa camarade Mélanie cette interrogation cocasse : « N'est-ce pas, ma sœur? » qui devait connaître la gloire de devenir une scie à la mode sur le boulevard, comme plus tard le : « C'est immense! » de Daubray dans la *Jolie Parfumeuse*.

Après ce début plus que modeste, Judic, qui comptait dix-huit printemps à peine et trouvait malaisément sa voie au théâtre, se tourna vers le café-concert. Elle entra à l'Eldorado où son mari, Israël, dit Judic, était régisseur, et y conquit tout de suite une place au premier rang avec ses chansonnettes à la fois naïves et égrillardes, dont tout un répertoire avait été composé exprès pour elle par l'acteur Boisselot. Il faut l'avoir entendue dans le *Sentier couvert* pour se rendre compte de l'effet qu'elle savait produire avec un simple clignement de ses yeux souriants et malicieux.

Grand'maman, vous avez passé par là!

Dit par elle, ce refrain inoffensif devenait bien éloquent...

※

La guerre et la Commune lui ayant fait des loisirs forcés et par trop improductifs, elle se décida à quitter Paris pour entreprendre une tournée en Belgique. A Liège d'abord, puis à Bruxellles, elle eut de vrais triomphes et son nom sur une affiche suffisait à faire encaisser « plus que le maximum », suivant la formule inventée plus tard par Victor Koning. C'est à Bruxelles que je la retrouvai. Chaque jour, à midi sonnant, je la voyais arriver à la *Taverne royale*, dans les Galeries Saint-Hubert, accompagnée de son mari et de son directeur Humbert, quelquefois aussi du chansonnier Paul Burani, dont les *Pompiers de Nanterre* et le *Sire de Fich-tong-Kang* avaient fait une quasi-célébrité. Là, nous nous installions, à une table qui nous était réservée, devant un de ces plats du jour dont l'apparence copieuse aurait réjoui Gargantua lui-même, — ils sont moins copieux à présent, mais on les paie un peu plus cher, ce qui est une compensation. Avec cela, un grand verre de bière, un de ces doubles-bocks que l'on appelait là-bas — et que l'on appelle encore, je crois — des « gendarmes ». Ce nom faisait la joie de Judic :

— Je resterais toute la vie à Bruxelles rien que pour avoir le plaisir d'avaler un gendarme tous les jours! disait-elle en riant de bon cœur.

Il y en a qui sont heureux de manger du « curé ». C'est un goût moins innocent!

***

De Bruxelles, elle ne tarda pas à revenir à Paris, pour créer à la Gaîté, le 15 janvier 1872, le rôle de la princesse Cunégonde dans le *Roi Carotte*, de Sardou et Offenbach. Ce qu'il y avait de plus marquant pour elle dans ce rôle était une certaine entrée à cheval, qui lui faisait grand'peur. Du reste, de tout cet effort des deux grands maîtres de la scène, il ne devait guère rester que le délicieux morceau des colporteurs :

> Nous venons du fin fond de la Perse,
> Nous faisons un très joli commerce!...

Elle eut bientôt sa revanche. Engagée au lendemain de la première par les directeurs des Bouffes-Parisiens, Comte et Noriac, elle parut au mois d'avril suivant dans la Molda de la *Timbale d'argent*, son premier et, peut-être, son plus grand succès. Vinrent ensuite la *Petite Reine*, la

Rosière d'ici, la *Branche cassée*, *Madame l'Archiduc*, la *Créole*, aux Bouffes, et, aux Variétés, *Niniche*, *Lili*, *Mamzelle Nitouche*, etc., toute une suite d'étapes plus brillantes les unes que les autres et qu'il est presque superflu de rappeler, tellement elles semblent encore près de nous.

A son retour à Paris, Judic avait repris le petit appartement qu'elle occupait dans le quartier Saint-Laurent, rue de la Fidélité — un nom du meilleur augure pour une artiste mariée. Mais une fois que la *Timbale d'argent* eût fait d'elle une diva à gros cachets, cet appartement ne pouvait plus lui convenir et elle fut s'installer rue de Boulogne, — aujourd'hui rue Ballu, — dans un hôtel qui existe encore et qui se trouvait au fond d'une cour plus longue que large, flanquée sur la rue de deux pavillons carrés où étaient les communs et la remise.

L'installation terminée, on songea tout naturellement à pendre la crémaillère. Tout d'abord, il s'était agi d'un souper entre amis, où l'on serait à peine cinquante. Mais à mesure que venaient le succès et la prospérité, le nombre des amis était allé en augmentant. Inviter celui-ci en laissant de côté celui-là, faire des mécontents alors que l'on voulait se réjouir en toute franchise, il ne fallait pas y penser. Peu à peu, le souper primitif se trouva remplacé par un grand bal costumé, où chacun pourrait être convié et pour lequel il fut fait plus de deux cents invitations.

Deux cents, à cette époque, cela comptait. Il en faudrait deux mille, aujourd'hui que le monde qui gravite autour du théâtre est devenu légion. Aussi une pareille fête serait-elle impossible, tandis que celle-là, dont on avait pourtant parlé plusieurs semaines à l'avance, fut des plus réussies, entre gens qui se connaissaient tous et qui se voyaient presque tous les jours.

Pour la circonstance, la cour avait été transformée en salle de bal, avec plancher, tente brillamment éclairée par une double rangée de lustres et ornée d'une profusion de fleurs et de plantes. L'orchestre se trouvait sur le perron de l'hôtel. Entre les deux pavillons donnant sur la rue, on avait disposé une petite salle ; également en charpente et en toile, qui servait d'entrée et de vestiaire.

Là, une première surprise vous attendait : à peine avait-on fait un pas, qu'on se voyait poursuivi par un de ces horribles cochers de nuit, barbus, hirsutes, dépenaillés et qu'à l'œil on devine malodorants. De son organe enroué d'ivrogne, il vous réclamait un supplément de pourboire ou se plaignait d'avoir reçu en paiement une pièce fausse.

Puis, quand il avait bien joui de votre ahurissement, le cocher ôtait poliment son chapeau d'un geste large de Grand d'Espagne et vous disait de sa voix naturelle — qui était quand même enrouée :

— Ne vous épatez pas ! C'est Grenier.

C'était lui, en effet, le fantaisiste Calchas de la *Belle Hélène*, dont le « Trop de fleurs ! » sonne encore dans toutes les mémoires.

Dans la salle, au fur et à mesure que se terminaient les représentations des théâtres, les invités ne cessaient d'arriver. C'était d'abord la troupe des Bouffes au grand complet, ayant à sa tête le gros Désiré, Edouard-Georges, le régisseur Desmonts et la brune et gentille Debreux, qui jouait dans la *Timbale* le petit rôle travesti à propos duquel se chantent au final du 2ᵉ acte ces quatre vers aux rimes étonnantes :

> Derrière la *porte*
> On l'a ramassé dans un coin,
> Caché sous des *bottes*,
> Sous des bottes de foin !

Les librettistes actuels de l'Opéra-Comique seraient ravis d'une semblable trouvaille !

Venait ensuite une forte députation des Variétés : le beau José Dupuis, Grenier, déjà nommé, Christian, l'homme de toutes les élégances, de tenue et de style, l'éblouissante Gabrielle Gauthier et Marie Heilbronn, oui, Marie Heilbronn, toute jeune et bien inconnue, qui, après avoir modestement débuté à l'Opéra-Comique dans la *Grand'Tante*, le premier ouvrage lyrique de Jules Massenet, venait de s'essayer aux Variétés dans les *Brigands* et ne laissait encore rien deviner du talent lyrique et de la séduction qu'elle devait montrer plus tard dans sa création de *Manon*.

Puis, des amis de la maison, artistes, journalistes, des auteurs comme Gaston Serpette, Ernest Blum, Jules Costé, ou simplement des amateurs de théâtre, tous en costumes somptueux ou pittoresques, car la consigne était rigoureuse et un seul habit noir avait été autorisé par la diva, celui de Siraudin — je dirai tout à l'heure pourquoi.

.*.

Jusqu'au moment du souper, ce fut une joie de chercher à deviner quelles personnalités se cachaient sous ces travestissements variés. Pour les femmes, cela allait de soi, aucune d'elles n'ayant consenti à renoncer aux grâces de son visage. Il en était autrement pour les hommes, et, si j'eus tôt fait de retrouver mon confrère Georges Boyer dans un sensationnel pêcheur napolitain et l'acteur Grenier, reparaissant en malade poursuivi par un apothicaire, qui était Dupuis, je demeurai longtemps intrigué devant un fort gars normand à la tête broussailleuse, au teint coloré, moustachu comme un chef gaulois, revêtu d'une blouse bleue à broderies blanches qui se tenait droite sous l'empois et ayant à la main un gros bâton à lanière de cuir. Ce « toucheur de bœufs », qu'on aurait dit venu en ligne droite de la Villette, n'était autre que le caricaturiste Grévin, un colosse qui faisait de si délicats dessins.

Le seul dont on ne réussit à percer l'incognito que tout à la fin et lorsqu'il le voulut bien, ce fut Siraudin avec son habit noir.

Il faut dire que ce vaudevilliste, déjà célèbre pour avoir donné son nom à un magasin de confiserie, ne l'était pas moins à cause de son crâne aussi poli et luisant qu'une bille de billard ; à ce point que l'auteur des *Marionnettes* lui-même,

Pierre Wolff, son élève en calvitie, aurait, auprès de lui, pu mériter le surnom qui a illustré le roi Clodion dans l'histoire.

Or, pour se rendre ainsi méconnaissable, Siraudin n'avait pas eu à faire un grand effort d'imagination : il s'était mis des cheveux !

29 janvier 1912.

V

Le Théâtre des Nouveautés (1878-1911).

Exposition de tableaux et salle de conférences. — Alexandre Dumas père, son habit, son gilet et sa cravate. — Les Fantaisies-Parisiennes Martinet. — *Une Folie à Rome.* — Agence de pari mutuel. — Les Fantaisies-Oller. — Une concurrence aux Folies-Bergère. — Les Lions et sir Richard Wallace. — Ouverture du théâtre des Nouveautés. — La direction Brasseur et Micheau. — *Coco.* — Christian et « le mal de maire ». — Marguerite Ugalde dans *Le Jour et la Nuit.* — Un directeur qui craint d'être passé à tabac. — *Le Droit d'aînesse.* — Débuts d'Albert Brasseur. Une soirée à Londres. — *Roméo et Juliette.* — L'auteur de *Falka.* — Jour de gloire.

Les derniers mois de la dernière année ont vu la fin de cette jolie petite salle, tombée, comme dit le cliché, « sous la pioche des démolisseurs ».

Il est peut-être temps de parler encor d'elle!...

A l'endroit où se trouve aujourd'hui un vaste trou béant au fond duquel terrassiers et maçons s'empressent aux fondations d'immeubles futurs, un ancien inspecteur des Beaux-Arts, Martinet, avait eu, vers 1863, l'idée d'installer une salle d'exposition de tableaux. Cette salle, assez modestement décorée, de forme rectangulaire, peu large mais assez profonde, avait été aménagée en même temps pour y donner des conférences sur l'Art.

Je me rappelle même, tout jeune collégien, y avoir entendu Alexandre Dumas père y parler un peu de tout et beaucoup de lui-même, à propos de la vie et des œuvres de Géricault.

Je le vois encore arriver sur l'estrade, avec ses cheveux crépus, déjà grisonnants, et sa bonne figure si ouverte et si gaie. Il avait, pour la circonstance, endossé le frac et s'était encerclé le cou d'une large cravate blanche, mais il était visible que, dans cet équipage, il se trouvait fort mal à l'aise, habitué qu'il était à ne s'asseoir à sa table de travail qu'en manches de chemise. Aussi toute cette correction ne devait-elle pas durer longtemps : au bout de quelques minutes, la cravate flottait à droite et à gauche, si bien qu'il finit par l'enlever tout à fait et la mettre dans sa poche en disant :

— Après tout, vous n'êtes pas venus pour voir

ma cravate, mais pour m'entendre, et elle me gêne pour parler.

Un peu après, dans le feu de sa conférence, il fit sauter le bouton de son col, dans lequel il étouffait, puis, ce fut le tour du gilet et, si la séance avait dû se prolonger, il l'aurait certainement terminée sans habit et dans sa tenue de travail accoutumée. Mais que n'aurait-on pas passé à cette belle humeur familière et communicative?

La peinture n'ayant pas longtemps ni beaucoup attiré le public, Martinet résolut de faire appel à la musique. Dans la salle légèrement transformée s'ouvrit, le 2 décembre 1866, sous le nom de « Fantaisies-Parisiennes », un petit théâtre lyrique pour lequel il s'était associé Champfleury, l'auteur de *Chien-Caillou*, des *Bourgeois de Molinchart*, d'une *Histoire des Funambules* et de quelques pantomimes qui avaient fait aux Funambules la réputation de Paul Legrand. Cela étant donné, il était tout indiqué que la pantomime serait de l'affaire. Il y en eut une, en effet, dans le spectacle d'inauguration, la *Pantomime de l'Avocat*, de Champfleury lui-même, dont la partition avait été composée avec des fragments de Boccherini.

Ce fut, je crois bien, la seule ou à peu près, et le nouveau théâtre se consacra plus particulièrement à des ouvrages en un acte comme *les Deux Arlequins*, d'Émile Jonas, *Sacripant* et *le Chanteur Florentin*, de Duprato, et surtout à des reprises de petits opéras-comiques qu'on ne jouait plus à la salle Favart et empruntés au répertoire de Boieldieu, Monsigny, Hérold, Monpou, Grisar, Adam, Ferdinand Poise, etc.

Son premier grand succès de recettes fut *l'Oie du Caire*, de Mozart, mise à la scène par Victor Wilder avec l'aide du chef d'orchestre Constantin, puis, le 30 janvier 1869, ce fut le tour d'*Une Folie à Rome*, de Frederico Ricci, adaptée par le même Wilder. La vogue de cette dernière pièce prit même de telles proportions que Martinet, resté seul directeur depuis déjà longtemps, se trouva trop à l'étroit sur le boulevard des Italiens et se transporta, dès le 11 février suivant, dans la salle de l'Athénée, devenue vacante.

Les Fantaisies-Parisiennes avaient vécu. Peu après, Oller, l'inventeur du pari mutuel, en prenait possession pour y établir une agence de courses, où l'on vendait aux amateurs des tickets qui s'enlevaient comme des petits pains au beurre. C'était la grosse fortune à bref délai, si le ministère ne se fût avisé de venir troubler la fête, en vertu de la loi sur les jeux et les paris aux courses. Oller dut renoncer à son agence, mais, comme il n'était jamais à court d'idées ni d'entreprises, il la remplaça tout aussitôt par une sorte de music-hall qui prit le nom de « Fantaisies-Oller », destiné à faire concurrence aux Folies-Bergère, avec tout l'accessoire obligé de ce genre d'établissements : promenoirs, bars, etc.

On y représentait des saynettes et des ballets et on y exhibait les phénomènes les plus variés. On y servit même au public une ménagerie — les six lions du dompteur Delmonico, — ce qui valut au trop remuant impresario quelques démêlés avec le propriétaire de l'immeuble, qui n'était autre que sir Richard Wallace, dont les fontaines ont popularisé le nom. Un beau jour, survint un huissier qui signifia aux lions, « parlant à leur personne », qu'ils eussent à déguerpir au plus tôt.

.*.

Quand Oller se fut lassé de cette exploitation, l'acteur Brasseur, — le père de l'Albert des Variétés — qui venait de quitter définitivement le

Palais-Royal pour se mettre dans ses meubles, s'associa avec M™° Micheau, l'ancienne directrice du théâtre du Parc de Bruxelles, et, jetant complètement bas l'ancienne salle, en fit construire une nouvelle, plus coquette et de proportions plus grandes, qui prit le nom de Nouveautés.

C'est celle qui vient de disparaître, après une existence de trente-trois ans. On y admirait, au bas de l'escalier conduisant aux galeries supérieures, une rutilante réplique du fameux nègre de la porte Saint-Denis. Qu'a-t-elle pu devenir ?

Le théâtre des Nouveautés ouvrit ses portes le 12 juin 1878, avec un grand vaudeville en cinq actes de Clairville et Eugène Grangé, *Coco*, où, dans un tableau qui se passait sur le pont d'un paquebot, le fantaisiste Christian jouait tellement au naturel une scène de mal de mer, que plus d'une fois, en rentrant dans la coulisse, il fut sur le point d'éprouver pour de bon le malaise qu'il venait de simuler.

— Décidément, je me mets trop dans la peau du bonhomme! murmurait-il en s'épongeant le front. Que diraient mes administrés s'ils me voyaient avoir le mal « de maire ? »

L'incorrigible faiseur de calembours était, en effet, l'officier municipal d'un petit village aux environs de Chantilly.

*
* *

Les débuts du nouveau théâtre étaient des plus brillants. *Coco* traversa sans broncher tout l'été pour ne s'arrêter que dans les premiers jours de décembre, après avoir fourni plus de cent quatre-vingts représentations. La pièce qui suivit, *Fleur d'oranger*, fut moins heureuse; mais la veine revint tout de suite avec l'adaptation d'une pièce de Suppé, *Fatinitza*, et surtout avec une grande revue d'Albert Wolff et Raoul Toché, *Paris en actions*, qui tint l'affiche pendant cinq mois. Malgré tout, les préférences de Brasseur allaient à l'opérette, dont il venait de goûter avec *Fatinitza*, et où, comme artiste, il avait triomphé dans ses multiples rôles de la *Vie Parisienne*. Aussi ne devait-il pas tarder à y arriver, d'abord modestement, avec la *Cantinière*, un vaudeville à musique nouvelle de Planquette, puis tout à fait, le 3 novembre 1881, avec *Le Jour et la Nuit*, de Charles Lecocq, — commencement d'une longue série qui devait se continuer pendant presque huit ans par *Le Cœur et la Main*, l'*Oiseau bleu*, et la *Vie Mondaine*, de Lecocq; le *Droit d'aînesse*, de Francis Chassaigne; le *Premier Baiser*, d'Émile Jonas; le *Roi de Carreau*, de Théodore de Lajarte; *Babolin* et l'*Amour mouillé*, de Varney; le *Château de*

Tire-Larigot, le *Petit Chaperon Rouge* et *Adam et Ève*, de Gaston Serpette; *Serment d'Amour*, d'Audran, etc.

※

Après la mort de Brasseur, ce fut au fils de son ancienne associée, Henri Micheau, que passa la direction. Alors, il ne fut plus question de pièces musicales et le théâtre revint au genre du vaudeville, ce dont il n'eut du reste pas à se plaindre, puisqu'il lui doit *Champignol malgré lui*, l'*Hôtel du Libre-Échange*, les *Maris de Léontine*, la *Petite Fonctionnaire*, la *Dame de chez Maxim's* et *Occupe-toi d'Amélie*, pour ne parler que des succès centenaires et même bi et tri-centenaires.

A cette dernière période, les circonstances ont fait que je n'ai assisté que comme ami et que, par suite, je n'ai guère de souvenirs personnels. Mais des années précédentes j'en ai conservé de durables que j'évoque souvent avec plaisir.

Je me rappelle encore les premières fois que l'on répéta *Le Jour et la Nuit*, avec Marguerite Ugalde. Nous étions allés la chercher à l'Opéra-Comique, où elle portait si cavalièrement le travesti de l'étudiant Nicklausse, dans les *Contes d'Hoffmann*. Tout le monde, au théâtre, couvait avec amour la future étoile et on trouvait que nous lui avions donné trop à chanter.

— Vous la tuerez! criait Brasseur avec désespoir.

— Vous la tuerez! gémissait Mᵐᵉ Micheau.

— Vous la tuerez! appuyait tout le monde.

Mais la grande et vaillante artiste qu'était sa mère se hâtait d'intervenir :

— Laissez donc! J'en ai vu bien d'autres et je n'en suis pas morte, moi!

Le fait est que Marguerite Ugalde, le soir de la première, prouva qu'elle avait de qui tenir et enleva crânement le succès, sans témoigner de la moindre fatigue. A la fin de la représentation, après avoir dû chanter deux fois presque tous ses morceaux, elle se déclarait toute prête à recommencer.

Une autre chose chiffonnait Brasseur : dans le cours de la pièce, Berthelier avait pris l'habitude de souligner certaines de ses répliques en lui tapant familièrement sur le ventre.

— Je ne puis pas supporter cela, disait Brasseur. Vous oubliez que je suis le premier ministre! Et puis, ajoutait-t-il en se penchant à mon oreille, je suis le directeur et ça fait mauvais effet sur le personnel.

Mais, comme le jeu de scène, en somme, était amusant, il se résigna à sacrifier sa dignité de ministre et de directeur.

⁂

Pareil scrupule le prit pendant les dernières études du *Roi de Carreau*, où il produisait un tel effet de rire en chantant — et même en ne chantant pas — avec Mily-Meyer et un jeune artiste nommé Dubois, ce trio d'entrée qui fit, dès le lendemain, le tour de Paris :

> Sur la terre étrangère,
> Nous arrivons tous trois,
> Nous arrivons d'Auxerre,
> D'Auxerre en Auxerrois!

Dans cette pièce, il était enlevé et séquestré par des gens qui voulaient se substituer à lui, puis il s'échappait et était repris et réintégré dans sa geôle. Il s'échappait de nouveau et était encore repris. Cette dernière fois, sur l'ordre :

— Empoignez-moi cet homme et enfermez-le! quelques comparses devaient se jeter sur lui et l'entraîner. Le soir de la première, n'y tenant plus, il me prit à part :

— Écoutez, cette scène m'ennuie beaucoup. Devant le public, ces gaillards-là, pour se payer la tête de leur directeur, seraient bien capables de me bousculer réellement et de me passer à tabac. Voulez-vous me laisser faire? Je crois que j'ai trouvé quelque chose.

Et quand arriva l'ordre, Brasseur, arrêtant du geste les hommes prêts à se précipiter :

— C'est inutile! Je sais où c'est!... Messieurs, permettez-moi de vous conduire.

Et il sortit de scène avec noblesse, en prenant le bras de deux des acolytes : ce fut irrésistible!

*
* *

Dans le *Droit d'aînesse*, eurent lieu les vrais débuts d'Albert Brasseur, qui, jusque-là, n'avait paru qu'une seule fois sur le théâtre paternel, dans un petit rôle de *la Cantinière*, avant d'aller faire son volontariat. Tout d'abord, le père avait montré quelque répugnance à le laisser monter sur les planches, mais allez donc empêcher un bon chien de chasser de race! Il avait, dans notre pièce, le rôle d'un tout jeune garçon que l'on prend pour une fille et que l'on force à revêtir les habits de son soi-disant sexe, pour le reconduire au couvent. Il était tout à fait charmant de grâce ingénue et cocasse, sous son cos-

tume de petite pensionnaire et c'était un poème
que la façon hypocritement candide dont il écoutait les conseils donnés par Marguerite Ugalde,
habillée, elle, en jeune cavalier :

> Il faut avoir les yeux baissés
> Dans un couvent de demoiselles...

⁂

Le *Droit d'aînesse*, dont la carrière à Paris fut simplement honorable, eut une revanche complète en Angleterre et en Amérique où, sous le titre de *Falka*, il compta des milliers de représentations et prit rang parmi les succès célèbres.

Et, à ce propos, il m'arriva une aventure assez plaisante. C'était au moment où l'on allait mettre à la scène la féerie du *Petit Poucet*. Le directeur de la Gaîté, Debruyère, et moi, nous étions partis pour Londres, à la recherche de quelque truc ou de quelque décor inédit. Un soir de loisir, Debruyère me dit :

— On joue ce soir *Roméo et Juliette* au Lyceum, je ne veux pas rentrer à Paris sans avoir vu ça.

— Mais des places ?

— Mon nom suffira.

Et nous voilà en route. Au contrôle, nous nous heurtons à l'écriteau traditionnel : *Full house* (salle pleine). Malgré cet avis, Debruyère s'approche d'un bureau grillagé où se tenait un gentleman des plus corrects, mais aussi fermé que son guichet et, tirant sa carte avec un geste à la d'Artagnan :

— Debruyère, directeur du Théâtre de la Gaîté, à Paris!

— *I don't know!* répond l'impassible gentleman.

— Comment! Vous ne me connaissez pas! Moi, Debruyère, Moi qui... etc., etc.

Inlassablement le : *I don't know!* accueillait toutes ses protestations. En désespoir de cause, je glisse à mon tour ma carte, en ajoutant timidement :

— Auteur de *Falka!*

Du coup, l'obstiné Anglais changea de ton et se prit à répondre, dans le plus aimable français :

— L'auteur de *Falka!* Oh! monsieur! Il ne me reste plus une seule place, mais je vais essayer de vous caser tout de même.

Et il finit par nous ouvrir une petite loge, d'où nous assistâmes à la représentation. Ce soir-là, pour la première et unique fois de ma vie, j'ai connu ce que c'est que « la vraie gloire »!

3 mars 1912.

VI

Les Bouffes-Parisiens (de 1868 à 1878).

Les origines des Bouffes-Parisiens. — Aux Champs-
Élysées. — Le Théâtre Comte. — Une devise à
laquelle il ne faut pas se fier. — De *Ba-ta-clan* à
Orphée aux Enfers. — *Madeleine* ou le petit *Pardon
de Ploërmel*. — Les débuts de Paola Marié. — Jules
Noriac. — *Le 101e régiment* et l'opérette militaire. —
L'acteur Lacombe, ancêtre de Mlle Beulemans. — La
première de *La Nuit du 15 octobre*. — Un directeur
comme on en voit peu. — A qui les auteurs dramatiques doivent leurs pensions. — Histoire d'une gifle.
— Gaston Serpette et le bourreau. — Une représentation de *La Petite Muette*. — L'humour de M. de
Paris.

Les Bouffes-Parisiens datent de 1855. Le 5 juillet de cette année, Offenbach, qui venait d'en
obtenir le privilège — car, en ce temps-là, n'était
pas directeur qui voulait — ouvrit son théâtre
aux Champs-Elysées, dans une petite salle qui

fut plus tard les Folies-Marigny, de joyeuse mémoire. Mais ils y trouvait bientôt à l'étroit et, dès le 29 décembre de la même année, il se transportait, avec sa troupe et son répertoire, dans une autre salle, celle que le physicien Comte avait créée en 1825 au passage Choiseul et qui avait pris le nom de Théâtre des Jeunes Élèves, avec cette devise rassurante :

Par les mœurs, le bon goût, modestement il brille,
Et sans danger la mère y conduira sa fille,

devise qui, d'ailleurs, ne devait pas être par trop prise à la lettre.

N'ayant pas l'intention de faire ici une histoire de ce théâtre, je me bornerai à rappeler qu'Offenbach, après l'avoir agrandi et transformé en 1858, en abandonna la direction, puis la reprit pour la quitter de nouveau, après y avoir joué tout un répertoire joyeux où je relève ces titres connus : *Ba-ta-clan, Tromb-al-cazar, La Rose de Saint-Flour, Croquefer ou le dernier des Paladins, Mesdames de la Halle, Monsieur Choufleury, les Pantins de Violette, les Géorgiennes, les Bavards, le Pont des soupirs...* J'en passe, mais en me gardant d'oublier le légendaire *Orphée aux enfers*, dont la Gaîté, puis tout dernièrement les Variétés, ont donné des reprises si éclatantes.

⁎⁎

En 1869, époque à laquelle je pénétrai pour la première fois dans les coulisses des Bouffes, ils étaient aux mains d'un gendre d'Offenbach, Charles Comte, le propre fils du physicien, et de Jules Noriac, le brillant chroniqueur du *Figaro*, l'auteur du *101ᵉ régiment* et de la *Bêtise humaine*, qui venait de quitter les Variétés, où il était l'associé des frères Cogniard.

Lorsque Noriac me joua une première pièce, ce fut pour être agréable à un de ses amis, le compositeur et professeur au Conservatoire Henri Potier, pour lequel j'avais, avec Eugène Leterrier, écrit un petit opéra-comique en un acte assez anodin, intitulé *Madeleine*, où devait débuter une de ses élèves, la troisième des sœurs Marié, Paola — laquelle brûlait du désir de marcher sur les traces de ses deux aînées, Galli et Irma. L'action, toute simplette, se passait en Bretagne, avec des chœurs de pêcheurs, un orage et une prière à la Vierge, dont les échos du théâtre durent se trouver bien étonnés. L'acteur Désiré appelait ironiquement cela « le Petit Pardon de Ploërmel » et pronostiquait que le susdit orage pourrait bien, de la scène, gagner la salle. Il n'en fut rien, par bonheur, et la pièce fut favorablement accueillie, grâce à quelques scènes comiques assez bien venues et grâce surtout à la jolie voix de la principale interprète, dont les belles notes graves étaient d'un charme si prenant. Un peu plus tard, elle les fit mieux apprécier encore en créant le rôle de Lazuli dans *l'Etoile*, de Chabrier, et celui de Clairette, dans la *Fille de Madame Angot*.

* *
*

Pour la pièce suivante, si Noriac se décida à la mettre sur son affiche, ce fut, pour ainsi dire, malgré lui et en faisant appel à son esprit de sacrifice. Il s'agissait d'un acte où un soldat, croyant avoir aidé son capitaine à accomplir ou à dissimuler un crime, arrivait peu à peu à abuser de sa soi-disant complicité pour essayer de le faire chanter. C'était mal tomber que de présenter un pareil sujet à l'auteur du *101ᵉ régiment*, tellement ferré sur les choses militaires qu'il en était même arrivé à avoir l'air d'un capitaine à la fois bougon et bon enfant. Il n'eut pas plutôt lu qu'il s'écria :

— C'est impossible ! jamais je ne jouerai cela ! Où avez-vous pu prendre qu'un soldat oserait parler ainsi à son supérieur ?

— Mais nous l'avons fait se griser pour se donner du courage.

— N'importe ! Je vous dis que votre pièce est impossible. Vous pouvez la reprendre et aller voir ailleurs !

Il n'y avait pas à répliquer. La tête basse, je me mis à rouler tristement mon pauvre manuscrit. Noriac, sans broncher, me regardait faire. Au moment où je mettais la main sur le bouton de la porte, il me rappela :

— Alors, vous y croyez, vous, à votre pièce ?
— Mais oui !
— Et ça vous ennuie de la remporter ?
— Vous le voyez.
— Eh bien ! Laissez-la-moi. Je vais la faire mettre en musique par notre chef d'orchestre, Jacobi, qui travaille très vite et, dans quinze jours, vous serez en répétitions. Je passerai pour un imbécile, mais j'aime mieux ça que de vous faire de la peine.

Tout l'homme est dans cette phrase. Moins d'un mois plus tard, on donnait la première de la *Nuit du 15 octobre*, dont le rôle principal était joué par un comique du nom de Lacombe, qui n'avait pas son égal dans les rôles de niais et surtout de paysans et de soldats : il avait eu un vrai triomphe en créant le domestique belge dans les *Forfaits de Pipermans*, un ancêtre de Mlle Beulemans. Le succès fut des plus vifs, il dure même encore en province, où la pièce est restée au répertoire. Mais ce que je n'oublierai jamais, c'est ce que fut Noriac le soir de cette première, à laquelle il était venu assister du fond d'une baignoire, en s'attendant bien à un désastre. Au fur et à mesure que les effets se produisaient, il accourait sur la scène :

— Mais ça marche, votre pièce! Ça porte! Qui aurait cru ça?

Puis il retournait bien vite dans sa baignoire. Au baisser du rideau, il se précipita vers nous les mains tendues :

— Ah! mes amis! Que je suis donc content! Je suis plus content que vous!

Bon et cher Noriac! et si peu fait pour être directeur! Non qu'il manquât des aptitudes nécessaires; sa direction fut, au contraire, très heureuse, grâce surtout à la *Timbale d'argent*, dont il eut le bon esprit de se commander le livret à lui-même.

Seulement, il avait en horreur toutes les rouerics du métier et ignorait l'art de ces promesses que l'on fait au petit bonheur, avec la ferme intention de les tenir... si ça se trouve. Aussi, dès qu'il voyait un auteur ou un artiste entrer dans son cabinet, était-il plein d'appréhension.

— Bon! Encore un raseur! pensait-il.

Et vite il rapprochait son fauteuil de son bureau et prenait son air le plus occupé, afin d'avoir un prétexte pour abréger l'entretien. S'apercevait-il, dès les premiers mots, qu'il ne s'agissait pas d'affaires de théâtre, sa physionomie changeait aussitôt et il s'empressait de tourner son fauteuil du côté du visiteur, pour causer plus à l'aise. Et c'était un causeur exquis et intarissable, qui vous faisait oublier les heures et les oubliait avec vous.

Sa fin fut bien triste. Miné par un mal qui ne pardonne pas, il la vit venir de loin et, pendant les derniers mois, il se tenait strictement enfermé, refusant de recevoir ses amis, pour ne pas les affliger par la vue de ses souffrances.

A propos de lui, je tiens à rappeler une chose qui me semble injustement oubliée. Il y a certainement bien peu d'auteurs dramatiques aujourd'hui — si même il y en a — qui sachent que c'est à Noriac que l'on doit la création des pensions que la Société sert à ses membres. Et cependant, c'est lui qui attacha le premier grelot, dans une assemblée générale tenue en avril 1879 à la salle Herz, aujourd'hui disparue, et qui se trouvait rue de la

Victoire, au fond d'une vaste cour où il était si agréable de faire les cent pas avant d'entrer en séance. En quelques mots, de sa voix lente et un peu grasse, il fit remarquer que la Société des gens de lettres avait une caisse de pensions et qu'il était surprenant que la Société des auteurs dramatiques ne se fût pas encore préoccupée d'avoir la sienne. Si ce petit speech fut bien accueilli, il est inutile de le dire. Immédiatement la candidature de Noriac à la commission fut posée d'office et votée par acclamation.

Ne serait-il pas à souhaiter que ce souvenir soit perpétué — ne fût-ce que par un court extrait du compte-rendu de cette séance, inséré en bonne place dans l'annuaire que publie régulièrement notre Société?

.˙.

Mais, *paulo minora...* Pour terminer, deux anecdotes auxquelles vous trouverez peut-être une certaine saveur.

Pendant les représentations de la *Timbale d'argent*, à côté de la loge où s'habillait l'acteur Désiré, que quelques marches séparaient de la scène et qui était remarquable par son exiguïté, s'en trouvait une autre plus exiguë encore, qui était occupée par une petite actrice jouant dans la pièce un des deux ou trois rôles accessoires. Comme une mince cloison séparait les deux loges, on entendait dans l'une tout ce qui se passait dans l'autre.

Un soir, l'actrice en question reçoit la visite de son protecteur, une sorte de financier aventureux, qui s'occupait aussi de théâtre : il avait même jadis fait représenter une pièce en quatre actes au Vaudeville, mais je tairai son nom pour ne pas désobliger ses mânes. L'explication était orageuse et les répliques se succédaient, de plus en plus violentes. Tout à coup, un bruit de gifle, puis des cris de femme qui se trouve mal.

En entendant cela, Désiré se souvient qu'il est le créateur de *Croquefer ou le dernier des Paladins*, son sang de chevalier ne fait qu'un tour. Il se précipite, saisit le monsieur à la gorge et, avec une vigueur qu'on n'aurait pas supposée chez ce petit homme gros et court, le lance à travers le couloir dans le foyer des artistes en criant :

— C'est honteux de frapper une femme !

Lorsque l'autre, qui s'était affalé sur une banquette, eut repris un peu de souffle, il gémit :

— Mais c'est moi qui l'ai reçue, la gifle !

***

L'autre anecdote date de l'époque où l'on jouait

aux Bouffes une opérette de Paul Ferrier, musique de Gaston Serpette, *la Petite Muette*. Serpette, qui était le plus fantaisiste des Parisiens et le plus Parisien des fantaisistes, avec son air endormi et sa moustache en berne, avait eu le bizarre caprice de faire la connaissance du bourreau d'alors, qui s'appelait Roch. Naturellement il l'invita à venir voir sa pièce et l'invitation fut acceptée avec empressement. Le soir, Serpette triomphant annonçait dans les coulisses :

— Vous savez, Roch est dans la salle ! Il s'agit de dérider cet homme-là !

Comme la pièce approchait des dernières représentations et qu'on n'avait pas prodigué « les faveurs », il n'y avait guère qu'une demi-salle, ce qui n'empêchait pas le public de s'amuser ferme. Pendant un entr'acte, Serpette fit faire à son invité le tour des loges d'artistes, ni plus ni moins qu'à un simple grand-duc. Quand ils arrivèrent à la loge de Daubray, le réjoui comique accueillit ce spectateur peu banal en lui disant :

— Hein ? Nos représentations sont plus gaies que les vôtres ?

— Oui, répondit avec bonhomie Monsieur de Paris, mais il y a moins de monde...

17 mars 1912.

VII

Le Théâtre Déjazet (1852-1912).

L'ancien boulevard du crime. — Folies-Mayer, Folies-Concertantes et Folies-Nouvelles. — Hervé, créateur de l'opérette. — Joseph Kelm et *Le Sire de Framboisy*. — Les sucres d'orge à l'absinthe. — Virginie Déjazet et son fils. — Débuts de Victorien Sardou. — *Les premières armes de Figaro* et *M. Garat*. — Les beaux jours du passage Vendôme. — L'acteur-express. — Quinze actes par soirée. — Origine des matinées. — Ballande et le Troisième Théâtre-Français. — Amédée de Jallais et le caniche à poil ras. — Un galant pourboire.

Le théâtre Déjazet, qui n'est plus aujourd'hui qu'un bon petit théâtre de quartier, a compté jadis au nombre des attractions parisiennes, aux beaux temps du « boulevard du Crime ». Heureux temps pour toutes ces salles de spectacle qui se trouvaient ramassées entre l'Ambigu et la place du Château-d'Eau, devenue place de la République : Théâtre-Lyrique, Gaîté, Ancien Cirque, Folies-Dramatiques, Délassements-Comiques, Petit-Lazari et Funambules,

C'était, chaque soir, l'endroit le plus animé de Paris, où se pressait la foule, au milieu des cris des marchands d'oranges et des vendeurs de programmes, auxquels se mêlaient les tin-tins engageants des marchands de coco.

Là, dès six heures du soir, se rendaient en famille les bons bourgeois du Marais ou des quartiers Saint-Denis et Saint-Martin, sortis de chez eux pour aller « au spectacle » suivant l'expression alors usitée, — pas à tel ou tel théâtre choisi ou désigné d'avance, non, « au spectacle » tout court. On arrivait sur l'immense terre-plein et, devant toutes ces façades illuminées, on se promenait en hésitant à la lecture des affiches, se décidant enfin pour le titre le plus suggestif ou pour l'endroit où la queue, moins pressée entre les barrières de bois, semblait offrir plus de chances de trouver des places.

Les mœurs ont bien changé depuis lors et, suivant le mot de Jules Noriac à propos des Bouffes, il est certains théâtres auxquels on ne va pas : on s'y destine.

.

En face de cette agglomération, au terminus, comme on dirait maintenant, s'était ouvert, en 1852 ou 1853, un café chantant appelé les Folies-Mayer, du nom de son propriétaire. Celui-ci, n'y faisant pas ses affaires, céda bientôt la place à un jeune compositeur, organiste de Saint-Eustache, Florimond Ronger, qui ne tarda pas à être connu, puis célèbre, sous le nom d'Hervé.

Les Folies-Mayer devinrent alors les Folies-Concertantes et se mirent à représenter des piécettes à deux personnages, le privilège n'en autorisant pas davantage. Mais, comme les qualités d'administrateur n'étaient pas, chez le nouve impresario, égales à celles du musicien, au bout d'un an à peine, il s'effaça devant deux journalistes parisiens, Huart et Altaroche, tous deux successivement directeurs du *Charivari*, qui était une des puissances de la presse.

Ayant obtenu un privilège un peu plus étendu, les deux associés transformèrent et agrandirent la salle, qui fut inaugurée, le 21 octobre 1854, sous le nom de Folies-Nouvelles, avec un prologue de Théodore de Banville, une pantomime de Durandeau, musique d'Hervé, *l'Hôtellerie de Gauthier Garguille*, et une pièce musicale en un acte, *la Fine fleur de l'Andalousie*, paroles et musique d'Hervé, qui était resté attaché au théâtre en qualité de directeur musical, de chef d'orchestre et d'artiste. En l'espace de deux ans, il ne fournit pas moins de quinze partitions, toutes plus bouffonnes les unes que les autres et ce fut ainsi lui qui inaugura véritablement le règne de l'opérette, bien avant que Jacques Offenbach n'eût fondé aux Champs-Élysées le théâtre des Bouffes-Parisiens.

En dehors d'Hervé, la troupe comptait quelques artistes qui firent assez bien leur chemin par la suite : tout d'abord José Dupuis, le futur Pâris de la *Belle Hélène*, Gourdon, qui passa ensuite à l'Opéra-Comique, le gros Tissier, Géraldine, une chanteuse qui eut son heure de célébrité et surtout l'ineffable Joseph Kelm, véritable tête de marron sculpté, une grosse face cramoisie, un nez aplati, des yeux allumés et des lèvres lippues allant de l'une à l'autre oreille. Ce fut lui qui lança cette scie devenue fameuse :

> Avait pris femme,
> Le sir' de Framboisy;
> La prit trop jeune,
> Bientôt s'en repentit...

Ou bien encore cet autre refrain non moins connu :

> J'entre en train quand il entre en train !...

qu'il scandait de la façon la plus drôlatique avec une prononciation à la fois lourde et nette qui lui donnait si bien l'air de « mâcher » de la paille.

*
* *

Tout de suite, les Folies-Nouvelles eurent la vogue et furent adoptées par le public le plus élégant de Paris. Il était tout à fait bien porté, dans le monde des gandins et des cocottes, d'aller s'y divertir en suçant des sucres d'orge à l'absinthe, qui étaient la spécialité de l'endroit. Des fauteuils aux loges, du parterre à l'amphithéâtre, pas un spectateur qui ne fût muni du sucre d'orge de rigueur : il semblait que, sans lui, le plaisir du spectacle eût été moindre.

Cela dura quatre ou cinq ans, puis la mode cessa de ces petits spectacles qui se répétaient par trop et sans grande variété : on finit par se lasser de tout, même des sucres d'orge absinthés. Huart et Altaroche se décidèrent à passer la main et Virginie Déjazet, au déclin de sa carrière, obtint pour son fils, en septembre 1859, le privilège du théâtre, qui prit son nom. Le nouveau directeur, Eugène Déjazet, était un compositeur agréable, qui s'était fait connaître en écrivant d'assez jolis airs pour certaines pièces créées par sa mère, *la Gardeuse de dindons* et *Gentil*

Bernard entre autres. Il avait même donné un acte au Théâtre-Lyrique et avait composé certaines chansons devenues populaires, telles que *Titi à Robert le Diable* pour Levassor et *le Vin à quat' sous* — un titre qui nous reporte loin, par ce temps de vie chère !

* * *

La grande artiste dont le nom devait longtemps encore amener le public dans la petite salle du boulevard du Temple y reprit successivement la plupart de ses rôles : *les Premières armes de Richelieu, le Vicomte de Létorières, Vert-Vert, Gentil Bernard, la Douairière de Brionne*, etc.

Puis elle accueillit un jeune auteur devant lequel tous les théâtres restaient fermés depuis une chute mémorable à l'Odéon et joua *les Premières armes de Figaro*, de Victorien Sardou.

Elle n'eut pas à regretter ce bon mouvement, car le même auteur, devenu célèbre du jour au lendemain par l'éclatante réussite de ses *Pattes de mouche*, n'oublia pas pour cela la scène où il avait eu son premier succès et lui donna encore *Monsieur Garat, les Prés-Saint-Gervais* et *le Dégel*.

Pour occuper les intervalles des représentations de sa mère, soit qu'elle prit un repos bien gagné, soit qu'elle partît en tournée — ce qui était encore une façon à elle de se reposer — Eugène Déjazet, marchant sur les brisées des Délassements-Comiques, s'était mis à jouer des revues, dont plusieurs furent centenaires comme *le Doigt dans l'œil* et *En ballon*, des parodies : *les Vieux glaçons*, *Nos bonnes villageoises*, etc., ou des pièces à femmes : *le Royaume de la Bêtise* et bien d'autres.

Il réussit par tous ces moyens à retenir la vogue pendant une dizaine d'années, bien que la démolition du boulevard du Temple en 1862 et la dispersion des théâtres qui lui faisaient vis-à-vis lui eussent porté un coup sensible en le laissant isolé à l'extrémité de cette grande place, qui semblait le séparer du reste de Paris.

*
* *

Il avait, d'ailleurs, su former une troupe qui n'était pas sans valeur : d'abord Dupuis, qu'il avait repris aux Folies-Nouvelles, mais qui devait le quitter pour les Variétés, puis Tissier, Legrenay, Daubray et Dailly à leurs débuts, une duègne pleine de rondeur comique, Boisgonthier, qui avait été jadis une des plus jolies actrices du boulevard Montmartre, Mmes Daudoird et Clara Lemonnier, dont la première portait l'habit noir avec un chic et une aisance qui auraient damé le pion au clubman le plus élégant. Ajoutez à cela un bataillon de petites femmes qui auraient suffi à peupler les fauteuils et les avant-scènes de tout ce que le Paris d'alors comptait de jeunes et même de vieux « fêtards ». Le mot n'était pas inventé, mais la chose existait et il n'y avait pour s'en assurer qu'à traverser à certaines heures le petit passage Vendôme, situé à côté du théâtre et qui mène à la rue Béranger, où se trouve l'entrée des artistes. Ce passage, aujourd'hui morne et désert, présentait au moment des répétitions ou du spectacle, une animation tout à fait particulière. Tous les soupirants de ces dames y faisaient consciencieusement le pied de grue — si j'ose dire... On y rencontrait aussi quelques collégiens externes de Charlemagne, désireux de voir les actrices de près pour se donner ensuite le plaisir de raconter à leurs copains du lycée ces bonnes fortunes inoffensives mais sensationnelles. Un confiseur et des fleuristes s'y étaient établis et faisaient des affaires d'or.

Les temps allaient changer : Après avoir eu un dernier succès avec un vaudeville de Philippe Gille et Adolphe Jaime, *Cent mille francs*

et ma fille, et essayé de l'opérette avec une *Lucrèce* qui ne réussit guère, Eugène Déjazet, à la veille de la guerre, céda son théâtre à un Turc appelé Manasse, qui en changea le nom pour reprendre celui de Folies-Nouvelles. Ce Manasse, qui avait gagné pas mal d'argent dans son pays en promenant des troupes françaises par les principales villes de l'Orient, arrivait à Paris pour le dépenser largement. Ce fut vite fait, et, après avoir joué tout juste deux pièces dont un *Nouvel Aladin* d'Hervé, qu'il était allé chercher à Londres et qu'il monta somptueusement, il fut obligé de mettre la clé sous la porte.

*
* *

Le théâtre reprit alors son nom de Déjazet, avec des directions de fortune qui se succédaient sans laisser de traces, jusqu'au moment où il arriva aux mains du légendaire Daiglemont, un comédien de province qui se vantait de jouer plus vite qu'aucun artiste de France et de Navarre.

Le fait est qu'il abattait facilement ses douze ou quinze actes en une soirée! Son autre prétention était de ressembler à Lafont, le grand comédien du Gymnase avec lequel il s'efforçait

— de très loin — de lutter d'élégance et de tenue :

— Ah ! soupirait-il quelquefois, si je pouvais seulement me procurer l'adresse de son tailleur, comme je l'enfoncerais !

Après Daiglemont, ce fut encore un autre comédien, Ballande, celui qui, sans le savoir, devait opérer une véritable révolution dans les mœurs théâtrales en organisant, à la Porte-Saint-Martin d'abord, ensuite à la Gaîté et à la salle Ventadour, des représentations qui avaient lieu pendant le jour, contrairement à tous les usages reçus. Ces « matinées », ainsi qu'il les avait baptisées, que tout le monde avait déclarées impossibles, réussirent si bien qu'il n'y eut bientôt plus un directeur qui ne voulût avoir les siennes.

Quant à lui, l'appétit lui étant venu, il ne s'en contentait plus et voulait avoir une salle entièrement à lui, où il pût jouer également tous les soirs. Pendant trois ou quatre ans, il s'installa dans celle de Déjazet, dont le nom fut encore changé contre le titre tout à fait modeste de « Troisième Théâtre-Français ».

Mais, décidément, ce nom de Déjazet ne pouvait pas disparaître bien longtemps. Après 1878, on le revit de nouveau au fronton du théâtre. Le succès revint aussi, depuis les *Femmes collantes* et la *Mariée récalcitrante*, de Gandillot, jusqu'à l'éternel *Tire au Flanc!*

Je quittais à peine les bancs du collège quand je me mis à fréquenter les coulisses de Déjazet, grâce à la réception d'une pièce en quatre actes que le directeur, sur de pressantes recommandations, avait accueillie assez facilement, mais que, du reste, il ne joua jamais — et comme il eut raison! On finit par transiger pour un petit lever de rideau qui passa un peu plus tard et qui avait pour titre : *Une Sombre histoire*.

Mais, du moins, cela m'avait valu mes entrées dans la salle et sur la scène et j'en profitais largement, me contentant de voir et d'écouter, en attendant de pouvoir opérer moi-même.

Combien j'enviais le fournisseur attitré du théâtre, Amédée de Jallais, un grand garçon jovial et portant beau, qui avait l'amour des cravates à pois et tournait le couplet avec une facilité nonchalante, mais extraordinaire! Il vous expédiait trois actes de revue ou de parodie presque en moins de temps qu'il n'en aurait fallu pour les écrire et possédait sa « Clé du Caveau » sur le bout du doigt, au point de trouver tout de suite huit ou dix timbres différents pour le rondeau qu'il venait d'improviser. De Jallais avait épousé une jolie actrice des Délassements, Eudoxie Laurent, qui fit ensuite partie de la troupe de la Porte-Saint-Martin et de celle de l'Ambigu. Elle était d'une myopie qui faisait son désespoir :

— J'ai beau prendre tout ce qu'il y a de plus fort comme verres, disait-elle, je n'y vois goutte. Et mon opticien m'a déclaré qu'après ce numéro-là, il n'y a plus que le caniche !

— Eh bien ! ripostait son mari, il y a une chanson là-dessus.

Et, d'une voix légèrement fausse, il fredonnait :

>J'avais un caniche à poil ras :
>Dieu sait si l'espèce en est rare !...

Un autre auteur de la maison était Dupan-Mousseux, qui y avait fait jouer, entre autres, une revue que j'ai citée, le *Doigt dans l'œil*, et qui avait eu aux Folies-Dramatiques plusieurs centaines de représentations avec les *Cinq Francs d'un bourgeois de Paris*, le premier grand succès de l'acteur Milher.

Mais il avait un autre titre de gloire : c'était

lui l'inventeur de ces boniments par affiches devant lesquelles il avait l'art d'attrouper les badauds. Sa trouvaille la plus géniale était le célèbre : *Enfin! nous avons fait faillite!* qui est demeurée le modèle du genre.

Du reste, il avait exercé je ne sais combien de métiers. Je retrouve une lettre de lui signée : « Dunan-Mousseux, auteur dramatique entre ses repas et employé aux Magasins Réunis pour pouvoir les prendre. »

*
* *

Quant à la grande patronne, on la voyait peu dans les coulisses où elle ne faisait que passer pour entrer en scène ou regagner sa loge. Quelquefois, pourtant, quand elle se trouvait assez bien disposée et que la représentation ne l'avait pas trop fatiguée, elle prenait plaisir à venir s'asseoir quelques instants au foyer des artistes.

C'est là que je lui ai entendu, un soir, raconter cette anecdote de jeunesse — une des rares, je crois, qui n'ait pas été recueillie dans les nombreux *ana* où il est question d'elle.

Pendant une de ses tournées dans une ville voisine de l'Auvergne, un brave commissionnaire se présente à l'hôtel où elle était descendue et demande :

— Mademoigelle Du Zaget? J'ai un paquet à lui remettre.

On le fait monter; il remet le paquet et Déjazet, cherchant en vain son porte-monnaie, lui dit :

— Mon garçon, je vais dire au bureau que l'on vous paie votre course.

— Oh! Mademoigelle! Si cha ne vous faisait rien, che n'est pas de l'argent que je voudrais...

— Quoi donc?

— Je cherais chi heureux de pouvoir dire aux camarades que j'ai embraché Mademoiselle Du Zaget!

— Eh bien! Allez! lui dit l'actrice en riant et en lui tendant les joues.

Le brave garçon ne se le fit pas dire deux fois, et, en redescendant l'escalier, il chantait à tue-tête sur un air à lui :

J'ai embraché Mademoigelle Du Zaget!
J'ai embraché Mademoigelle Du Zaget!

— Maintenant, ajoutait-elle avec un sourire, on ne me demanderait plus de payer de cette monnaie-là.

VIII

Les débuts de Jeanne Granier.

Une pièce répétée sur trois théâtres. — Onze ans d'attente. — *Mademoiselle Moucheron* et une des « petites femmes » de la troupe Offenbach. — L'Enfant de la balle. — Jeanne Granier et le grand art. — Le professeur Arnoldi. — Patti en herbe. — Première entrevue avec Charles Lecocq. — La Giroflé rêvée. — Les conspirateurs. — Un début au pied levé. — Les épines sous les roses. — Menaces suivies d'exécution. — Une soirée agitée. — Minerve dans les larmes. — Liberté reconquise. — Une belle carrière.

C'était en 1873. Offenbach, qui venait de prendre la direction de la Gaîté, ayant une partie de sa troupe inutilisée par les drames qu'il jouait en attendant une reprise d'*Orphée aux enfers* préparée de longue main, s'était entendu avec Hostein pour transporter à la Renaissance les artistes d'opérette que les succès du *Gascon* et de *Jeanne d'Arc* condamnaient à un repos prolongé, aussi bien que ceux qui ne devaient pas être de la « grande » reprise.

Pour succéder au spectacle coupé qui avait inauguré la combinaison, on avait remis à l'étude un acte de Leterrier et de moi, musique d'Offenbach, *Mademoiselle Moucheron*, qui avait dû être joué aux Bouffes avant la guerre avec Céline Chaumont et la mère Thierret, cette duègne au comique si large et si plantureux, qui n'a pas été remplacée. *Habent sua fata libretti* : la pièce s'annonçait si bien qu'au dernier moment on résolut de ne pas la donner en fin de saison et de la réserver pour la réouverture. Mais il se passa tant de choses avant cette réouverture! Ce fut aux Variétés que les répétitions furent reprises, toujours avec Céline Chaumont, mais avec Aline Duval au lieu de la mère Thierret. Cette fois encore, pour une raison ou pour une autre, la pièce se trouva ajournée. Donc, pour la troisième fois on se remettait à la répéter à la Renaissance pour Théo. Cette fois, du reste, ne devait pas être la dernière, car au bout d'une vingtaine de jours la pauvre *Moucheron* disparut du tableau pour céder la place à la *Jolie Parfumeuse* et ce ne fut que huit ans plus tard, en 1881, qu'elle parut enfin sur l'affiche, sous la direction Koning et avec Mily-Meyer et Desclauzas. Onze ans de remises et d'attente pour un seul acte, voilà qui est bien fait pour enseigner la patience à de jeunes auteurs !

Tout de même, le temps de ces répétitions à la Renaissance ne fut pas perdu pour moi, puisque je devais y trouver l'objet rare : une étoile.

Parmi les nombreuses « petites femmes » de la troupe Offenbach, il y avait une toute jeune fille absolument inconnue et qu'on avait engagée sur son amusante frimousse de pensionnaire ingénue et rieuse. Elle avait été désignée pour remplir dans *Mademoiselle Moucheron* un personnage de second plan et je la vis arriver toute fière de tenir à la main le cahier manuscrit de « son rôle » — son premier rôle inédit ! — Frappé par cette physionomie mobile et délurée et par ce joli rire qui sonnait si gaîment et qui devait par la suite lui gagner tant de fois le public, je me renseignai immédiatement auprès de Callais, le régisseur général du théâtre. La nouvelle recrue d'Offenbach, la petite débutante encore ignorée, s'appelait Jeanne Granier... C'était une enfant de la balle, fille d'Irma Granier qui avait jadis créé au Vaudeville le rôle de Nichette dans la *Dame aux camélias* de Dumas fils, et plus tard, à Bruxelles, celui du duc d'Anjou dans la *Jeunesse de Louis XIV*, un drame de Dumas père, interdit à Paris et joué pour la première fois dans la capitale du Brabant.

La mère et la fille habitaient à un troisième étage, tout à côté de Notre-Dame-de-Lorette, et, naturellement, Mlle Jeanne se destinait au théâtre. Mais, chose curieuse, c'est à l'art sérieux qu'elle avait tout d'abord été vouée. Pendant de longs mois elle avait pris des leçons d'un professeur alors en vogue, Arnoldi, qui n'avait pas hésité à lui prédire le plus brillant avenir dans la carrière italienne : Granier en *Traviata* ou en *Sonnanbula*, dire que nous avons manqué ça !

⁂

Comme le brillant avenir en question se faisait un peu attendre, la future Patti avait dû s'estimer heureuse d'accepter à la Gaîté un engagement qui assurât, au moins en partie, le présent. Seulement, l'engagement signé, pas le moindre rôle en perspective. Une ou deux fois elle avait paru en matinée à la Gaîté dans le *Mariage aux lanternes*. Et c'était tout ! Ce qui expliquait sa joie d'être enfin munie de ce petit rôle qu'elle ne devait d'ailleurs jamais jouer : le sort lui réservait mieux !

Justement, en même temps que commençaient les études de *Mademoiselle Moucheron*, on préparait à Bruxelles notre *Giroflé-Girofla* et nous nous préoccupions déjà, avec Lecocq, de trouver, pour le moment où la pièce reviendrait à Paris, une interprète réunissant le charme, la gaîté, la jeunesse, le jeu et le chant — la perfection en un mot, pendant que nous y étions! Aussi, dès les premiers jours, Leterrier et moi nous étions-nous écriés en voyant répéter l'ex-élève d'Arnoldi :

— Mais la voilà, la Giroflé rêvée!

Et sans plus tarder nous l'avions conduite chez Lecocq.

Le croirait-on? La première entrevue fut d'abord peu favorable. Granier n'osait pas chanter, ne se livrait pas, n'était plus elle-même enfin, — intimidée par les lunettes du compositeur. Celui-ci s'en aperçut; il ôta les redoutables lunettes, se fit aimable, la remit tout doucement en confiance, et, au bout d'une heure, ravi par cette jeunesse exubérante, cette gaieté originale, tout ce je ne sais quoi qui devait avoir tant de prise sur le public, il s'écriait à son tour :

— La voilà, la Giroflé rêvée!

Séance tenante, on échangeait des lettres : pas de *Giroflé* sans Granier; pas de Granier sans *Giroflé*, c'était signé et paraphé. Seulement, jusqu'à la fin de l'engagement qui la liait avec la

Gaîté, c'est-à-dire jusqu'à la fin de la saison, il fallait que la chose restât dans le plus profond mystère.

Que serait-il advenu, grand Dieu! si l'on avait appris que la Gaîté réchauffait dans son sein un serpent destiné à chanter un jour la musique de Lecocq, et à quelles représailles directoriales n'eût pas été exposée l'artiste ainsi passée à l'ennemi?

On se jura donc le secret, comme dans toute bonne conspiration, et l'on s'arma de perruques blondes et de collets noirs : il y avait tout ce qu'il fallait chez l'auteur de la *Fille de Mme Angot*.

Ce soir-là, Jeanne Granier s'endormit heureuse, sous le premier sourire de la fortune.

Hélas! trop de sourires! aurait-elle pu dire, comme Calchas disait : trop de fleurs! Après cette première chance, il lui en tomba une autre, sous laquelle elle faillit bien être assommée :

Dès le commencement des représentations de a *Jolie Parfumeuse*, on lui avait distribué en double le rôle de Rose Michon créé par Théo, mais on comptait bien qu'elle ne le jouerait jamais, car, dans ce genre de pièces, l'indisposition de l'étoile n'est considérée que comme une éventualité tout à fait improbable. Eh bien! l'improbable se réalisa : un beau matin, Théo, retenue au lit par un gros rhume, fait prévenir qu'elle ne pourra pas chanter le soir. Grand désarroi au théâtre. Vite, on court chercher la doublure, on fait des raccords, on ajuste les costumes et voilà Granier en scène, sans avoir pu seulement se reconnaître. Elle avait grand'peur, la pauvre! Qu'allait dire tout ce public venu pour entendre une diva en vogue et auquel on servait ainsi, sans préparation, une petite débutante inconnue? Car on n'avait pas eu le temps de modifier les affiches, et il fallut se contenter d'une annonce.

D'abord, il ne dit rien, le public. Puisqu'on s'était dérangé, il fallait bien se résigner. Mais l'enthousiasme n'y était pas. L'ouverture et l'introduction furent plutôt mornes. A l'entrée de la nouvelle Rose Michon, on fut tout de suite intéressé par son air doux et craintif et sa grâce juvénile. Voyant qu'on ne lui voulait pas trop de mal, elle s'enhardit. On se mit à l'applaudir, un peu, puis beaucoup, puis davantage. A la fin de la soirée, tout le monde s'en mêlait : elle avait conquis la salle et gagné sa première bataille!

Seulement, que d'épines elle allait trouver sous ces roses! Pour commencer, elle ne conserva pas le rôle plus de deux ou trois soirées : rien ne rétablit aussi vite une diva indisposée que la réussite de sa doublure. Ensuite, Offenbach s'avisant qu'il possédait dans sa troupe une perle ignorée, résolut de se l'attacher par des liens plus durables et lui proposa de signer un nouvel engagement. C'était là le danger!

Impossible d'accepter, naturellement. Mais quelles raisons donner à un refus? Aucune, puisque la seule, la véritable, devait être tenue secrète, sous peine d'un éclat épouvantable.

Offenbach s'entêtait:

— Vous réfléchirez!

— C'est tout réfléchi.

— Alors, je saurai bien vous y forcer!

Sur cette menace, il congédia Rose Michon numéro deux, plus morte que vive. Qu'allait faire son impresario justement irrité? Pendant quelques jours, elle ne cessa de se le demander avec des frissons. Puis elle finit par ne plus y penser.

La vengeance guettait dans l'ombre, cependant. Un soir, après dîner, elle s'apprêtait à aller passer la soirée aux Bouffes avec sa mère et des amis, quand arriva un ukase signé d'Albert Vizentini, le chef d'orchestre et, en même temps, l'administrateur général, le représentant d'Offenbach à la Gaîté. Ordre de se rendre immédiatement au théâtre pour y remplir, suivant clauses et conventions, le rôle de Minerve dans la représentation d'*Orphée*. — Minerve, une panne! une odieuse panne, de dix lignes à peine!

On devine les larmes, mais il fallait obéir! Laissant sa mère aller aux Bouffes avec ses amis, Jeanne partit pour la Gaîté, où Vizentini l'attendait.

— Voyons! ne pleurez pas! Il s'agissait tout simplement de vous faire un peu peur. Vous allez être raisonnable et signer l'engagement qu'on vous propose.

— Non!

Jamais vierge chrétienne sommée d'abjurer sa foi ne répondit « non » avec un tel courage.

— En ce cas, habillez-vous!

Et la voilà, toujours pleurant, aux mains de deux habilleuses chargées de parer la victime et de lui mettre aux joues le rouge et le blanc nécessaires. Cela n'allait pas sans mal: à mesure qu'un côté de la figure était fait, les larmes l'emportaient en ruisseaux et en rigoles. Tant bien que mal, on finit par y arriver, et quand Vizentini reparut, demandant:

— Êtes-vous prête ?
il n'y avait plus qu'à poser la perruque et le casque de la déesse, ce qu'elle fit en retenant à peine ses sanglots. Mais, en s'apercevant ainsi affublée dans la glace, sans s'arrêter pour cela de gémir et de pleurer, elle part tout à coup d'un immense éclat de rire :

— Ah ! non ! s'écrie-t-elle. Je suis trop drôle en pompier.

Vizentini ne put s'empêcher de rire aussi.

— C'est bon ! Vous comprenez bien que je n'aurai pas la cruauté de vous forcer à entrer en scène comme cela. Déshabillez-vous, allez-vous-en. Demain vous reviendrez avec votre mère pour résilier.

Jeanne ne se le fit pas dire deux fois. Elle eut tôt fait de se débarrasser de l'armure, de la perruque et du fameux casque, et moins d'une demi-heure après elle était aux Bouffes, les yeux encore gonflés, mais s'amusant comme une folle et plus heureuse encore de sa partie de spectacle retrouvée que de sa liberté reconquise.

Il ne lui restait plus, après cela, qu'à attendre a première de *Giroflé* et le succès — qui ne manqua pas au rendez-vous — et de combien d'autres suivi ! Il suffit de citer : à la Renaissance, *la Petite Mariée, la Marjolaine, le Petit Duc, la Petite Mademoiselle, Madame le Diable, Fanfreluche*; à la Gaîté, la reprise d'*Orphée* — qui lui avait jadis coûté tant de larmes, et où elle reparaissait en triomphatrice, — *la Cigale et la Fourmi*; aux Bouffes, *la Béarnaise*; à l'Eden, *la Fille de Madame Angot*; au Gymnase, *les Premières armes de Richelieu, Indiana et Charlemagne*; aux Variétés, *Mam'zelle Gavroche, la Fille à Cacolet, Barbe-Bleue, Madame Satan* et *la Périchole*, où elle montrait tant de sentiment et de fantaisie à la fois.

Depuis longtemps, elle a dû renoncer à l'opérette pour la comédie — sans avoir à le regretter : ses triomphes dans *Éducation de prince, la Veine, le Vieux Marcheur, le Bois sacré* et *l'Habit vert*, suffisent à en témoigner.

Ces souvenirs ne sont pas absolument d'hier, mais, en voyant l'entrain, la jeunesse et la verve primesautière de l'artiste, qui ne croirait qu'ils datent tout au plus d'avant-hier ?

24 avril 1912.

IX

Jacques Offenbach.

Un coin du Café Riche. — Jacques Offenbach et sa garde d'honneur. — Première collaboration. — Arnold Mortier. — Le monsieur de l'orchestre du *Figaro*. — Théophile Gautier et *Le Voyage dans la lune*. — Un scénario difficile. — Refus d'Offenbach. — Albert Vizentini prend la Gaîté. — Le compositeur n'est plus de l'avis du directeur. — Le pavillon François Ier, à Saint-Germain. — Les brusqueries du maëstro. — Excuses préventives. — Un morceau coupé parce qu'il produirait trop d'effet. — Les soirées de la rue Laffitte. — La villa Orphée, à Étretat. — Albert Wolff, commère de revue. — Le traducteur du *Trouvère*. — *Pacciniana.*

Le jour où j'ai « connu » Offenbach, il y avait déjà bien longtemps que je le connaissais.

Que de fois, au Café Riche, j'étais resté à observer cette figure hoffmannesque, avec ses favoris à l'autrichienne, ses yeux si vifs sous le pince-nez immuable et ses lèvres sarcastiques toujours prêtes à lancer quelque boutade ou quelque trait plaisant !

Presque chaque jour, après son déjeuner, on était sûr de le rencontrer là, fumant un cigare de choix devant la table ronde qui lui était toujours réservée d'un bout de l'année à l'autre.

Je l'y vois encore, dans l'angle qui faisait face au boulevard, l'hiver, frileusement emmitouflé dans une fourrure, l'été, serré dans sa jaquette, avec un œillet piqué à la boutonnière. Auprès de lui, toute une garde d'honneur : d'abord, Tréfeu, un de ses premiers collaborateurs, puis Mario Uchard, Gustave Claudin, Charles Narrey et autres boulevardiers avérés.

Et la conversation allait son train au milieu des rires, des bons mots, et des potins de la veille ou du matin, car l'auteur de la *Belle Hélène* et d'*Orphée*, lorsqu'il n'était pas occupé par ses répétitions ou retenu chez lui par quelque travail pressé ou par un fâcheux accès de goutte, n'avait pas de plus grand plaisir que de passer de longues heures à deviser gaîment. Mais il ne fallait pas, à ces moments-là, venir lui parler d'affaires de théâtre, et le collaborateur qui avait l'imprudence de s'y risquer était généralement assez mal reçu :

— Mon cher, vous viendrez me dire cela demain matin chez moi !

A demain les affaires sérieuses ! a dit un autre personnage historique.

*
* *

Je ne devais pas trop tarder à faire partie du groupe élu : pendant que l'on me jouait aux Bouffes la *Nuit du 15 octobre*, on y répétait la *Princesse de Trébizonde*, pour les débuts de Céline Chaumont dans l'opérette, et Offenbach ne quittait guère le théâtre, y revenant encore le soir après la répétition pour préparer celle du lendemain et s'occuper des décors et des costumes ou des changements à faire à la pièce. Un jour, Noriac me dit :

— Offenbach a vu hier votre petite opérette, qui l'a beaucoup amusé. Comme nous devons, après *la Princesse*, monter un spectacle coupé où il faudra, naturellement, un acte pour Chaumont, il m'a chargé de vous le demander. Tâchez de trouver quelque chose qui lui plaise et l'affaire est faite.

Dans la quinzaine même, j'apportais avec Leterrier *Mademoiselle Moucheron*, qui fut immédiatement acceptée. J'ai déjà dit comment, par suite de retards invraisemblables, cette pièce ne fut représentée que onze plus tard, après avoir été mise à l'étude à quatre reprises différentes, dans trois théâtres, et après un nombre de répétitions tel que les plus grands succès n'ont pas souvent autant de représentations. Mais nous nous trouvions dès lors en relations suivies avec le maëstro et, comme il s'est toujours montré fidèle à tous ses collaborateurs, ces relations ne devaient plus cesser et nous amenaient au bout de quelques années à signer avec lui une grande féerie, le *Voyage dans la lune*, à la Gaîté.

* *

Cela encore ne se fit pas du premier coup. A la *Gazette de Paris*, un journal fondé après la guerre par Arsène Houssaye, qui ne dura pas même un an et où nous rédigions le courrier des théâtres, nous nous étions liés d'amitié avec un jeune journaliste alerte et plein d'esprit, Arnold Mortier, que nous avions suivi au *Courrier de France* de Robert Mitchell et avec qui nous avions inauguré ensuite au *Figaro* cette série de soirées théâtrales qui ont depuis si bien fait leur chemin par tous les journaux. Tout en noircissant le papier à copie pour notre « monsieur de l'orchestre » quotidien, nous avions — c'était fatal — entamé une collaboration dramatique, dont le premier résultat fut le *Voyage dans la lune.*

En lisant un article de Théophile Gautier à propos d'une revue jouée au théâtre du Château-d'Eau, *Qui veut voir la lune?* et où la revue n'était qu'un prétexte à broderies éblouissantes, Mortier avait été vivement séduit par la magie de descriptions telles qu'en pouvait imaginer l'étincelante fantaisie du poète d'*Émaux et Camées.* Dès lors, il ne rêvait plus que d'écrire une pièce se passant dans le monde lunaire et nous avait aisément fait partager son désir. Seulement, si le point de départ se présentait facilement, l'embarras commençait dès l'arrivée de nos personnages dans la lune et nous ne réussissions pas à trouver le fil qui pourrait relier toutes les scènes plus ou moins satiriques et les motifs de décorations que nous avions notés au fur et à mesure de nos conversations.

— Voyez-vous, dis-je une fois à Mortier, je crois que nous perdons nos peines. Comment inventer une action qui se tienne suffisamment, sans qu'il y ait, au moins, deux amoureux? Et dame! Que peut bien être l'amour dans la lune? Il n'y en a pas.

— Vous avez trouvé! s'écria Mortier. Il n'y en a pas! L'amour sera inconnu dans la lune et c'est de la terre qu'il y sera apporté. Avec cela, nous avons de quoi établir une pièce!

En effet, à partir de cette séance, nous eûmes tôt fait de mettre notre grande machine sur pieds et de la porter à Offenbach, qui avait alors la direction de la Gaîté et dont nous n'avions pas mis un seul instant en doute l'empressement à recevoir un ouvrage aussi mirifique. Aussi, quelle déconvenue, quand il nous le refusa tout net! D'abord, il avait bien d'autres projets en tête; en outre, l'énormité des frais l'épouvantait, lui qui, pourtant, n'avait pas l'habitude de reculer devant les mises en scène les plus fastueuses, comme en témoignaient *Orphée aux enfers* et, plus tard, la *Haine*.

Nous reprîmes notre manuscrit pour le porter au Châtelet, où il fut reçu tout de suite par le directeur d'alors, un M. Fischer, qui, d'ailleurs, ne dura pas assez longtemps pour nous jouer.

Entre temps, Offenbach, rebuté par l'insuccès éclatant de la *Haine*, se décidait à passer la main à Albert Vizentini. Celui-ci, qui avait assisté à tous nos pourparlers et tout tenté pour qu'on se décidât à nous monter, mit comme condition que la première pièce nouvelle qu'il afficherait serait le *Voyage dans la lune*.

— En ce cas, dit Offenbach, c'est moi qui en écrirai la musique.

— Mais vous ne vouliez pas en entendre parler.

— Comme directeur, oui. Seulement, du moment qu'il se trouve quelqu'un pour faire la folie, je veux en profiter.

Une folie qui fit, en quelques mois, entrer plus d'un million dans la caisse du théâtre !

*
* *

Tout le travail préparatoire fut un enchantement. Les rendez-vous à Saint-Mandé avec Grévin, qui dessinait les costumes — ceux des hirondelles, du ballet de la neige, sont restés célèbres — les courses chez les décorateurs, Chéret, Fromont et Cornil, dont les maquettes étaient des merveilles, les auditions au théâtre, tout cela occupait le temps on ne peut plus gaîment.

De plus, pour travailler plus à l'aise à sa partition, Offenbach s'était installé, dès le mois de mai, à Saint-Germain, dont il faisait, ainsi que Meilhac, sa villégiature favorite. Le fait est que Saint-Germain — où j'écris ces lignes — est un séjour des plus agréables, et qui le serait encore davantage si on y pratiquait un peu plus largement l'art de faire des trottoirs sur lesquels on ne risque pas à chaque instant de se tourner les pieds.

Une ou deux fois la semaine, nous nous rendions chez notre compositeur, au Pavillon François Ier, où il s'était logé sur la terrasse, de sorte que chaque séance de collaboration se trouvait pour nous doublée d'une partie de campagne. Et puis, rien d'amusant comme de le voir continuer à écrire tout en causant et couvrir les portées de ses minuscules hiéroglyphes qu'il jetait sur le papier d'un geste saccadé : trait, point, trait; — point, point, trait ; — absolument un télégraphiste devant son Morse !

Puis, la lecture et les répétitions : avec des artistes comme Christian, Grivot, Tissier, Scipion, Zulma Bouffar et toute une troupe de petites femmes jeunes, jolies et gaies, il n'y avait réellement pas moyen de s'ennuyer et jamais pièce ne fut, comme celle-là, préparée dans la joie.

A part, cependant, quelques sorties et quelques colères d'Offenbach, qui devenait assez facilement nerveux et irascible dès qu'il se trouvait sur le plateau et en plein feu. Mais on était prévenu et lui-même avait soin, dès la première réunion, de prendre les devants :

— Mes amis, je vous demande bien pardon d'avance pour toutes les choses désagréables que je vais vous dire.

Cela lui permettait de bousculer son monde sans trop prendre de gants. D'ailleurs, lorsqu'il lui échappait quelque mot par trop dur, il savait immédiatement le racheter.

— Mettez-vous derrière, qu'on ne vous voie pas ! dit-il une fois à une figurante un peu trop mûre.

Puis, aussitôt, voyant la pauvre près de pleurer :

— Non ! Au fait, mettez-vous devant, qu'on vous voie ! Vous en valez la peine.

Et les larmes se changeaient en sourire.

Il avait aussi une façon de dire : « Vous êtes un *immmbécile !* » en y mettant un tel nombre d'm, que l'épithète en devenait inoffensive et presque amicale.

.*.

Et quel prodigieux metteur en scène ! Du geste, de la voix, de la canne — de la canne surtout — il indiquait et scandait les mouvements et manœuvrait les groupes avec une autorité et une netteté qui s'imposaient et qui n'étaient jamais en défaut. Avec cela, l'homme de théâtre qu'il était, ne se laissait, à aucun moment, dominer par le compositeur. Je me souviens qu'il y avait, au troisième acte, un duo, « le duo de la pomme », sur lequel tout le monde comptait au théâtre — avec raison, d'ailleurs. Dans ce duo, se trouvaient encadrés deux couplets, de musique exquise, et sur lesquels on comptait encore bien plus. Un jour, en arrivant, j'apprends que les couplets sont supprimés :

— Pourquoi? lui dis-je. C'était un « bis » assuré.

— Je le sais bien. C'est justement pour cela que je les coupe. S'ils n'avaient pas dû produire tant d'effet, je les aurais laissés. Mais ce succès-là nuirait à celui du duo, qui nous est bien plus nécessaire.

Il n'y avait qu'à s'incliner. Mais je connais peu de musiciens qui auraient su ainsi trancher dans le vif.

S'il avait parfois, au théâtre, ses moments difficiles, en revanche, il était, chez lui, l'homme le plus affable, le plus égal et le plus gai qu'on pût rêver. Pour rien au monde, lorsqu'il était à Paris, il n'aurait manqué au dîner de famille qui avait lieu chaque semaine à ce quatrième étage de la rue Laffitte qu'il occupa si longtemps avant de s'en aller au boulevard des Capucines, où il devait mourir. Ces jours-là, il était tout heureux de se trouver avec sa femme, son jeune fils et ses quatre filles, en compagnie de quelques amis, presque toujours les mêmes·

Après le dessert, il en arrivait d'autres et l'on ne se séparait que vers minuit, après avoir causé joyeusement ou fait un peu de musique ou bien encore improvisé quelques folles parties de baccara — un baccara patriarcal, après lequel on se déclarait ruiné si l'on avait seulement perdu une dizaine de francs. Et, ce pendant, les quadrilles d'*Orphée* ou de la *Vie Parisienne* menaient la ronde du plaisir par toute la capitale !

L'été, on se retrouvait à Étretat, dans cette « villa Orphée » qu'il s'était fait construire et qu'il aimait tant. Le même accueil familial vous y attendait. Seulement, malheur aux poètes — comme il nous appelait — qui lui tombaient sous la main quand il avait un ouvrage en préparation ! Il avait l'habitude, à défaut des auteurs de son livret, de mettre l'un ou l'autre à contribution pour les remaniements de vers dont il avait besoin dans son travail. C'est ainsi qu'Albert Millaud avait contribué anonymement à des ensembles du *Voyage dans la Lune*. Mon tour devait venir aussi.

Un jour qu'il était dans son grand cabinet de travail du rez-de-chaussée, il m'aperçoit dans le jardin, me disposant à partir en promenade avec les autres et, me hélant de sa fenêtre :

— Arrivez ici, le poète ! Et mettez-vous à cette table. Voici un rondeau dont je ne peux rien tirer. Il me faut, à la place, deux couplets disant la même chose. Vous ne sortirez d'ici que lorsqu'ils seront faits. Mais, vous savez, je veux un « bis » !

Résigné, je renonçai à ma promenade et je fis les couplets, dont il se montra ravi.

Seulement, mes couplets ne furent pas bissés, ainsi qu'il me l'avait demandé : le jour de la première représentation, j'eus le douloureux plaisir de les entendre *trisser*. Et c'était un résultat que je n'avais pas encore obtenu pour mon propre compte !

Un peu après, ce fut une revue qu'il me fallut écrire, mais cette fois, pour mon amusement et, peut-être, pour celui des invités. La revue était une des traditions de la Villa Orphée et, dès que l'on pouvait réunir les éléments suffisants, on n'avait garde d'y manquer. Il y en avait eu de célèbres avec les peintres Detaille et Vibert pour décorateurs et Georges Bizet au piano, et l'on parlait encore d'une certaine entrée du shah de

Perse dans sa bonne ville d'Étretat. Cette année-là, Albert Wolff, le chroniqueur du *Figaro*, avait entrepris la besogne avec moi et devait, en même temps, se charger du rôle principal, la portière de la plage, qui remplaçait le compère traditionnel.

Ceux qui ont vu une fois Albert Wolff peuvent s'imaginer ce qu'il devait être sous ce travesti. Malheureusement, dès son entrée, il avait à débiter un assez long rondeau sur les potins du pays. J'avais eu déjà pas mal à lutter pour obtenir de lui le temps nécessaire à bâcler nos scènes principales, mais, quant à le faire venir aux répétitions, il fallut y renoncer. La partie du casino était une concurrence contre laquelle il n'y avait pas à lutter et il était bien plus occupé à faire la chouette à l'écarté qu'à apprendre son rôle :

— Je le saurai! me répétait-il. Je le sais déjà presque. Du reste, pour plus de sûreté, vous allez me le copier très gros et nous l'accrocherons derrière un portant, où je pourrai le consulter, si la mémoire me manque.

Ainsi fut fait. Seulement, dès les premiers vers, il s'embrouilla. Alors, s'emparant du papier, il se mit à lire. L'effet n'en fut pas moins grand, au contraire, mais, au milieu des rires, on n'entendit pas un seul mot — ce qui, après tout, n'était pas un dommage si regrettable.

***

Parmi les habituels invités de ces aimables réunions, où à Delibes, Detaille et Bizet, avaient succédé Coquelin, Vibert, Victorin Joncières, mon pauvre ami Raoul Toché et tant d'autres, il en est un que je ne voudrais pas oublier, car il m'a laissé un souvenir amusé. C'est Émilien Pacini, le traducteur du livret du *Trouvère*, auquel il avouait n'avoir lui-même jamais compris grand'chose. Homme charmant, d'ailleurs, et plein d'urbanité, mais ne parlant que par aphorismes que l'on se répétait avec joie. Ludovic Halévy avait même, en riant, manifesté l'intention de les réunir en une *Paciniana*, qui n'aurait pas manqué d'agrément. Il m'en revient en mémoire deux ou trois que je ne puis résister à noter ici :

Tout d'abord, ayant épousé une femme riche, il avait peur de passer pour avoir fait un mariage d'argent. Aussi portait-il toujours sur lui un carnet où il notait soigneusement ses dépenses, pour bien établir qu'elles n'excédaient pas ses revenus propres :

— Ce carnet, jeune homme, me disait-il gravement, c'est le carnet de mon honneur !

Une autre fois, tirant sa pipe, il affirmait :

— Jadis, une bravade; plus tard, un plaisir; aujourd'hui, un besoin !

Enfin, étant allé une fois à Londres, il commençait ainsi son récit :

— Quand j'avais l'honneur de voyager en Angleterre...

Celle-là, M. de Coislin, l'homme le plus poli de France, ne l'eût pas désavouée — Joseph Prudhomme non plus !

12 mai 1912.

X

Histoire d'un four.

L'Hôtel de Ville et l'École de droit. — Premiers essais dramatiques. — Hippolyte Cogniard. — La lettre traditionnelle. — De la direction des Variétés à celle du Château d'eau. — Les revues de Blondeau et Monréal. — Bonne et heureuse. — L'ours abandonné. — Eugène Bertrand. — *Le Peau-Rouge de Saint-Quentin*. Le nez du père Grangé. — On ne fume pas ici ! — Un point de départ qui a séduit Jules Verne. — Le tuyau de poêle fatal. — *La Guigne*. — Labiche et Émile Augier. — Cause bizarre d'une saison à Contrexéville.

Si j'ai eu le plaisir et la chance de rencontrer assez souvent le succès au théâtre, il m'est arrivé aussi, pour ma pénitence, de connaître l'amertume du « four ». Et même, si la modestie ne me l'interdisait, je pourrais ajouter que peu d'auteurs en ont à leur actif un qui soit aussi carabiné que celui dont je vais conter l'histoire. Mais il ne faut se vanter en rien et je ne voudrais décourager personne. Aussi me contenterai-je de noter tout bonnement la chose, sans en tirer autrement vanité.

**

C'était l'année d'avant la guerre. Nous étions, Leterrier et moi, tout à fait des débutants : lui, simple expéditionnaire à l'Hôtel de Ville; moi, suivant encore — d'un peu loin — les cours de l'École de Droit, où, malgré mon peu d'assiduité, je venais de décrocher quand même mon diplôme de bachelier : le courage m'a manqué pour le reste. Les minutes administratives entassées sur son bureau ne suffisaient pas au bonheur de l'employé de la Préfecture de la Seine, pas plus que ne me passionnaient les *Institutes* de Justinien — ce monstre odieux, comme on chante dans les *Deux aveugles* — avec leur *jus aquæ aut oneris ferendi*, ni même le Code civil avec son chapitre sur « les servitudes ou services fonciers » ni le titre si palpitant « des contrats ou obligations conventionnelles ». Des titres de pièces, à la bonne heure! Voilà ce qui nous occupait plus dignement. Jusque-là, en dehors du *Petit Poucet* avec Laurent de Rillé à l'Athénée nous n'avions eu qu'un tout petit acte, dans un tout petit théâtre sur lequel je reviendrai quelque jour et deux ou trois autres, aux Bouffes et à Déjazet. C'était peu pour notre ambition et nous résolûmes de frapper un grand coup en portant cinq actes aux Variétés, qui étaient, avec le Palais-Royal, la terre promise de tout vaudevilliste à son aurore.

.˙.

Les Variétés avaient alors pour directeur Hippolyte Cogniard, un vieil auteur dramatique fort aimable, le visage tout rose sous ses cheveux blancs et l'air d'un brave homme d'officier en retraite : il avait, avec son frère Théodore, signé tant de pièces militaires ! Avec cela, une façon exquise de recevoir ses jeunes confrères et de leur donner paternellement à entendre qu'ils avaient grand tort de venir frapper à sa porte avant d'avoir remporté ailleurs quelque succès leur conférant le « *dignus intrare* ». De notre visite, nous emportions le souvenir d'un accueil tout à fait bienveillant et la certitude d'être, sous peu, gratifiés de la lettre traditionnelle nous disant que notre pièce « d'ailleurs charmante, ne pouvait malheureusement

7

convenir au genre du théâtre ». La lettre ne se fit pas attendre.

Peu après, Cogniard, qui, depuis la *Belle Hélène*, avait gagné une jolie fortune avec toute la série des grandes opérettes d'Offenbach, principalement avec la *Grande Duchesse*, où le monde entier avait défilé pendant l'Exposition de 1867, vendait son théâtre pour jouir d'un repos qu'il avait si bien gagné.

∴

Naturellement, au bout de très peu de temps, il avait repris une nouvelle direction, celle du théâtre du Prince Impérial de la rue de Malte, devenu théâtre du Château-d'Eau et aujourd'hui exploité en music-hall sous le nom d'Alhambra.

Il avait comme associé son fils Léon qui, au bout de quelques mois, fut subitement emporté à l'âge de trente-quatre ans par la fièvre typhoïde.

Je me rappelle encore la surprise et le deuil du monde théâtral en apprenant la disparition de ce grand garçon sympathique à tous, si actif et d'aspect si solide. Malgré son chagrin, le père ne voulut pas abandonner son théâtre, où il avait déjà perdu pas mal d'argent à jouer la comédie et le drame, et, à force de persévérance, il arriva à se refaire presque complètement avec quelques féeries et, surtout, avec des revues de mes bons amis Monréal et Blondeau, qui avaient eu l'ingénieuse idée de donner, autant que possible, leur première dans la soirée du 31 décembre.

On y allait comme à une fête, car, en dehors du plaisir que l'on pouvait attendre du spectacle, il y avait celui que l'on était certain de prendre, sur le coup de minuit, en la souhaitant « bonne et heureuse » à sa voisine, surtout si elle était jolie, ce qui n'était pas rare à ces petites solennités.

Une de ces revues, *Qui veut voir la lune?* fut même, je l'ai dit, la cause indirecte qui nous amena à faire plus tard le *Voyage dans la lune*, représenté à la Gaîté.

*
* *

Cependant notre malheureux ours, que nous ne nous empressions pas d'aller reprendre, restait à l'abandon dans les cartons du théâtre et il y serait probablement encore, sans une circonstance tout à fait imprévue. Le successeur d'Hippolyte Cogniard était Eugène Bertrand, qui arrivait de Lille et qui ne devait plus quitter les Variétés que pour l'Opéra. Comme je m'étais trouvé en relations avec lui pendant sa direction de Lille, j'en profitai pour aller le voir.

— Vous venez m'apporter une pièce? fut sa première question.

— Au contraire, je viens vous en redemander une.

— Comment?

— Une que nous avions remise à votre prédécesseur et qu'il a refusée. Vous comprenez qu'après cela, je ne vous la proposerai pas.

— Et pourquoi? Ce n'est pas une raison. On aime toujours à faire autre chose que ceux qui étaient avant vous. Comment s'appelle-t-elle, votre pièce?

— Le *Peau-Rouge de Saint-Quentin*.

— Le titre est pour le moins bizarre. Eh bien! je vais faire rechercher votre manuscrit et je le lirai. Revenez me voir dans quinze jours.

Bertrand tint exactement sa promesse. Au bout des quinze jours demandés, il avait lu et nous déclarait que la pièce était absolument déraisonnable et qu'elle lui plaisait à cause de cela. Le point de départ surtout l'amusait. Et puis, il y voyait un rôle pour Lesueur, le grand comique du Gymnase, qu'il venait d'engager et qui ne manquerait pas de nous camper un type tout à fait réussi. Seulement, il fallait élaguer, tailler, resserrer, relier le tout et y mettre de l'ordre. Pour cela, il nous adjoignait un routier de la scène, Eugène Grangé, le collaborateur attitré de Lambert Thiboust, l'auteur de la *Mariée du Mardi-Gras*, des *Diables roses*, de la *Consigne est de ronfler* et d'une foule d'autres grands succès du Palais-Royal.

A toutes ses qualités d'expérience et d'habileté, il ajoutait celle de posséder un nez presque aussi célèbre, dans son genre, que celui d'Hyacinthe, de légendaire mémoire.

Ce n'était pas par ses dimensions que ce nez était remarquable, mais par sa couleur aussi rutilante que celle du rubis, à croire que toutes les vignes de la Bourgogne et du Bordelais y avaient collaboré. Et Grangé était un homme des plus sobres et des plus rangés.

Les petits journaux s'en donnaient à cœur joie et il n'était pas de semaine, pour ainsi dire, que cet appendice n'excitât leur verve. Une des plaisanteries le plus souvent rééditées était celle-ci :

Grangé vient de monter en omnibus. Au bout de quelques instants, le conducteur, apercevant au fond de sa voiture quelque chose qui rougeoie, lui crie :

— Eh! monsieur! on ne fume pas ici! éteignez votre cigare.

Une autre fois, on l'accusait de se passer le nez dans la boutonnière pour faire croire qu'il était décoré. Doux, et inoffensif, il ne s'en formalisait pas et se contentait d'en rire comme tout le monde.

※

Notre nouveau collaborateur s'attela immédiatement à la besogne et, après avoir coupé un acte sur cinq, s'efforça d'introduire dans les autres le plus de raison possible. Il y réussit même un peu trop bien, car, à côté de choses folles, que leur folie seule pouvait faire accepter, il y avait un semblant de sagesse et de pondération qui n'en accusait que mieux la disparate et en faisait ressortir l'insanité. Telle quelle, la pièce fut mise en répétitions à la réouverture de 1871 avec une distribution de choix — j'allais dire une distribution de prix — qui, en plus de Lesueur, réunissait les meilleurs comiques du théâtre, Grenier, Kopp, Léonce, Lanjallay, sans compter Baron et Cooper, qui venaient de faire leur entrée dans cette troupe fameuse. Rien que ces noms semblaient devoir assurer le succès, et pourtant!...

J'ai dit que le point de départ avait plu à Bertrand : il s'agissait d'un jeune homme, que jouait Grenier, venu à Paris pour se marier, flanqué d'une malle, où se trouvait toute sa fortune, et de son fidèle valet de chambre, qui n'était autre qu'un authentique Peau-Rouge, sauvé et recueilli par son père lors d'un voyage en Amérique : la voilà bien, l'influence des romans de Gustave Aymard ! Ah ! *le Grand Chef des Aucas* fut un bien grand coupable !

A la gare d'arrivée — bien qu'on ne fût pas sur l'Ouest-Etat, — la malle ne se retrouvait plus. Perdue, volée, peut-être, enfin la ruine complète ! L'infortuné ne voyait à sa situation qu'un seul remède, le suicide ; mais, certain de manquer au suprême moment du courage nécessaire, il chargeait son dévoué Peau-Rouge de la commission, en lui faisant jurer par tous les grands manitous que prières ni supplications ne l'empêcheraient de remplir son office. On devine aisément la suite : la malle retrouvée, la vie apparaissant de nouveau belle et souriante au bon jeune homme, avec une fiancée adorable et, par là-dessus la menace suspendue au-dessus de sa tête de ce Peau-Rouge de Damoclès, qu'il fallait à tout prix dépister. Assurément, ce point de départ en valait bien un autre, puisque, sur une donnée à peu près similaire, Jules Verne a établi plus tard un de ses romans à succès, les *Aventures d'un Chinois en Chine*.

Malheureusement, les incidents et les poursuites, moitié charentonnesques, qui s'en suivaient, ne trouvèrent que rarement le moyen de faire rire le public. De plus, Lesueur, le si amusant Kirchet du *Fils de famille*, l'inoubliable Grinchu de *Nos bons villageois*, Lesueur, qui devait « nous camper un type si réussi », nous présenta, au lieu du fantoche qu'il aurait fallu, un sauvage par trop nature, dont chaque apparition jetait un froid. C'est que son talent sérieux de composition, qui paraissait si comique dans une comédie, cessait tout à fait de l'être quand il s'agissait de bouffonnerie. Pareille aventure arriva à Paulin Ménier, qui excellait dans les rôles de paysans et qui fut parfaitement lugubre dans un Normand d'opérette.

Dès les deux premiers actes, nous sentions « que ça n'allait pas ». Pourtant, si le trois arrive à passer, nous disions-nous, il y a au quatre une scène qui pourra nous sauver en partie la mise. Hélas ! le trois passa et ce fut la scène du quatre qui vint tout gâter. Dans cette scène, il y avait un notaire — le rôle de Léonce — qui allait procéder à la lecture d'un contrat de mariage. Or, l'instant d'avant, il venait d'acquérir la preuve de son infortune conjugale. Alors, au lieu d'exercer son ministère, il se mettait à interpeller le futur et à lui déconseiller le mariage :

— Vous voyez mademoiselle ! Eh bien ! elle vous trompera, c'est fatal ! Elle vous paraît un ange de candeur : mensonge ! Au fond de toute femme, il y a un monstre, etc... »

Nous n'avions peut-être pas tort de compter sur un effet. Oui, mais... nous avions oublié un jeu de scène, imaginé pendant les répétitions et sur lequel on avait peu à peu renchéri, le trouvant divertissant. Un tuyau de poêle, qui avait été descellé au commencement de l'acte, se trouvait par hasard sous la main d'un des personnages, qui s'en emparait machinalement et, machinalement encore, le passait à un second, qui le repassait à un troisième et ainsi de suite. Je sentis tout à coup le danger :

— Supprimez le tuyau ! criai-je, de la coulisse.

Peine perdue ! Le malencontreux tuyau, une fois sa ronde commencée, la continua jusqu'au bout. Ce fut le coup final. *Le Peau-Rouge de Saint-Quentin* se joua tout juste deux fois trois quarts. A la troisième représentation, il fallut baisser le rideau avant la fin du quatrième acte.

⁎⁎⁎

Je dois rendre à Bertrand cette justice qu'il ne nous en voulut pas de l'aventure. Il nous offrit même bientôt l'occasion d'une revanche, en nous jouant trois actes, pour lesquels il nous avait donné Labiche comme collaborateur. Cette nouvelle pièce devait servir aux débuts de Coquelin Cadet. Labiche, qui n'était pas superstitieux, l'avait baptisée *la Guigne* et elle ne manqua pas à justifier son titre : jouée au milieu des plus fortes chaleurs du mois d'août, elle ne put tenir plus d'une vingtaine de fois et, si elle n'eut pas le sort éclatant de l'autre, elle ne fut pas non plus des plus heureuses. Il nous fallut l'occasion d'une revue, jouée un peu plus tard, en société avec Arnold Mortier, pour savoir enfin ce qu'est le succès au boulevard Montmartre.

⁎⁎⁎

Mais de cette seconde tentative, il me reste l'honneur d'avoir eu mon nom à côté de celui du plus grand auteur comique de notre époque — et aussi une anecdote, par laquelle je finirai :

Labiche était un des habitués de Contrexéville. Une année qu'il se trouvait tout à fait bien, il avait déclaré à tout le monde qu'il renonçait à sa cure habituelle.

Grande fut donc la stupéfaction d'Emile Augier, son vieil ami, qui se trouvait depuis une semaine dans la ville d'eaux, en le voyant arriver à son tour :

— Comment ! Vous ! Mais vous ne deviez pas venir !

— C'est vrai, seulement, imaginez-vous que l'autre matin, tenez, le lendemain du jour où vous avez dîné chez moi, j'ai trouvé au fond de mon vase un caillou d'une telle grosseur qu'il n'y avait pas à hésiter.

Là-dessus, Augier éclata de rire :

— Mais c'est moi, mon cher, qui étais allé faire une petite visite dans votre chambre !

Et voilà comment l'auteur du *Voyage de M. Perrichon* fit, une fois, une saison dans les Vosges pour le compte de l'auteur du *Gendre de M. Poirier*.

7 juin 1912.

XI

Giroflé-Girofla.

Après un insuccès. — Heureuse rencontre. — Un scénario en trois pages. — Réception enthousiaste. — Le piano à six octaves. — Les monstres du compositeur. — Deux duos pour un. — L'hôtel de la Poste, à Bruxelles. — Répétition générale à bureaux ouverts. — Des spectateurs qui ont le sens pratique. — Le sommeil du directeur. — Un souper qui se corse. — *Giroflé-Girofla* à la Renaissance. — Le trac de Jeanne Granier. — Le cierge du baryton.

Que de souvenirs à la fois amers et agréables évoque en ma mémoire ce titre de *Giroflé-Girofla!* Cette pièce-là marqua dans mon existence ce que les historiens appellent « un tournant ».

C'était au lendemain de l'insuccès brillant du *Peau-Rouge de Saint-Quentin,* que j'ai conté dernièrement, et à la suite duquel il me semblait que je n'oserais plus jamais franchir le seuil d'un cabinet directorial. Sur le boulevard, il m'arrivait de faire un crochet pour éviter de passer devant la façade des Variétés et j'envisageais l'avenir sous des couleurs très peu riantes. Serais-je ou ne serais-je plus auteur dramatique ? telle était la question que je me posais tristement et à laquelle j'étais bien près de répondre par la négative.

*
* *

Par bonheur, je rencontrai un jour Charles Lecocq, avec lequel je m'étais lié alors qu'il était simple accompagnateur au théâtre de l'Athénée, dirigé par Sari et Busnach. Aux premiers mots que je lui dis de ce projet, il protesta vivement. Renoncer au théâtre à cause d'un four, la belle affaire ! J'étais bien assez jeune pour m'accorder encore une année de crédit, d'autant plus qu'il avait à m'offrir une occasion de prendre ma revanche. On venait de lui jouer à l'Alcazar de Bruxelles — et avec quel succès ! — la *Fille de Madame Angot* et, déjà, le directeur, Humbert, le pressait de se mettre à un autre ouvrage pour l'année suivante. Il lui fallait donc au plus vite un nouveau livret, et il me fit jurer que d'ici quinze jours je viendrais lui apporter une idée.

Quinze jours! Avec un pareil stimulant, il ne nous en fallut pas plus de huit, à Leterrier et à moi, pour élaborer un projet de scénario. Il couvrait tout juste trois feuillets, ce scénario embryonnaire, mais cela suffit à Lecocq pour voir tout le parti que l'on pourrait tirer du sujet que nous avions trouvé.

— Justement, Humbert est à Paris, nous dit-il ; revenez demain dans l'après-midi. Je l'aurai vu d'ici là et, si la chose lui plaît autant qu'à moi, nous nous mettrons immédiatement à l'œuvre.

.˙.

En arrivant, le lendemain, nous trouvâmes Humbert dans l'enthousiasme — l'enthousiasme était, du reste, l'état naturel de cet être toujours sous pression. Séance tenante, l'affaire fut conclue, avec un échange de poignées de mains en guise de traité, et le brave directeur repartait tout joyeux pour Bruxelles, escomptant à l'avance le succès d'une pièce dont le premier mot n'était pas encore écrit. Mais cette belle confiance nous donnait du cœur et nous rendait le travail si aisé, qu'en moins d'un mois et demi Lecocq avait entre les mains le manuscrit à peu près complet des trois actes, qu'il ne nous restait plus qu'à fignoler d'un commun accord. Plusieurs fois par semaine, j'allais chez lui, dans l'appartement qu'il occupait avec sa mère à un premier étage de la rue Neuve-Fontaine, aujourd'hui rue Fromentin, une bonne rue bien tranquille, où l'on se serait cru en province. Là, nous passions des heures à polir et repolir les scènes musicales, assis dans son petit salon, devant une petite table auprès de laquelle se trouvait un petit piano Empire qui n'avait que six octaves et qui lui a servi pour composer ses premières partitions. Il l'a toujours conservé depuis comme fétiche. Je me rappelle avoir fait ainsi jusqu'à sept versions différentes du finale du second acte, qui n'arrivait jamais à nous contenter.

Lorsque je restais deux ou trois jours sans le voir, j'étais certain de recevoir par la poste quelque demande de changement, formulée de façon humoristique, dans le genre de ce billet que je retrouve : « Mon cher ami, je t'envoie un monstre pour le grand ensemble du deux. Les vers sont de neuf pieds, mais qu'importe le nombre des pieds, quand ils sont propres! » Aujourd'hui, on n'est même plus si regardant!

D'autres fois, la missive était ornée de petits dessins et de croquis explicatifs, pour m'indiquer la mise en scène telle qu'il la comprenait, car il apportait aux moindres détails le soin le plus

méticuleux, encore plus exigeant pour lui-même
que pour ses collaborateurs, au point qu'il n'hésitait jamais à récrire de fond en comble un morceau, quand il croyait pouvoir trouver mieux. De
cela, je puis citer un exemple bien caractéristique :

Un jour, il me dit :

— J'ai fait le duo du troisième acte. Il faut que
je te le joue pour avoir ton avis.

Et, se mettant au piano — le petit piano à six
octaves — il me fit entendre la musique écrite sur
ces paroles :

> Ma belle Girofla,
> Ma timide gazelle,
> Ma blanche tourterelle,
> Tout près de moi viens là !...

— C'est exquis ! m'écriai-je aussitôt.

— Tu trouves ? Ce n'est pas mal, en effet, et
j'en étais assez content. Mais j'en ai refait un
autre qui sera plus dans la couleur.

Il me joua alors un second duo — celui qui
devait figurer dans la partition et dont l'effet fut
et est toujours si grand. Je fus bien obligé de lui
donner la préférence ; cependant je ne me décidais que difficilement à renoncer à l'autre, qui
m'avait tout à fait séduit.

— Nous le réserverons pour notre prochaine pièce, dis-je alors pour me consoler.

— Non pas! Sur d'autres paroles, cela n'irait pas. J'ai l'horreur des placages et je ne me sers jamais de musique déjà faite.

Malgré tout, je n'en eus pas le démenti et, lorsque plus tard nous fîmes la *Petite Mariée*, pour le début du duo du rossignol, je lui apportai des vers coupés sur la musique que je regrettais toujours :

> Donnez-moi votre main,
> Cette ombre si discrète
> Tout exprès semble faite
> Pour un tel entretien...

Essayez les paroles d'un de ces duos sur la musique de l'autre et réciproquement, cela constituera une petite amusette assez curieuse. Mais c'est, je crois bien, l'unique fois que l'auteur du *Petit Duc* ait consenti à employer dans un ouvrage un motif tiré de ses cartons.

*
* *

Au mois de février de l'année suivante, la pièce était mise à l'étude avec les mêmes interprètes à peu près qui avaient créé la *Fille de*

Madame Angot : Jolly, Mario Widmer, Paul Ginet, Pauline Luigini et Mme Delorme, une duègne qui avait comme pas une l'oreille de son public.

Sur la demande d'Humbert, nous étions venus, dès les premiers jours, nous installer à Bruxelles, à l'hôtel de la Poste, rue Fossé-aux-Loups. Lecocq y occupait au rez-de-chaussée un appartement avec un grand salon, où l'on se réunissait après chaque répétition. Comme il avait réservé pour ce moment-là la plus grande partie de son travail d'orchestration, il y consacrait à peu près toutes ses soirées, mais il avait mis comme condition que l'on viendrait lui tenir compagnie.

Donc, de neuf heures à minuit, pendant qu'il écrivait, tout en nous donnant la réplique, nous passions le temps à bavarder et à fumer. Mais fumer sans boire, dans la capitale du Brabant, cela ne se serait jamais vu. Régulièrement, au bout de quelques instants, Humbert ne manquait pas de dire :

— Mes enfants ! je paie une bouteille de stout !

A la fin de notre séjour, la consommation était assez notable. Seulement, comme il avait oublié de la faire porter à son compte, le tout fut mis sur la note du compositeur.

— Et moi qui n'ai bu que du thé! se contenta de faire observer celui-ci.

Heureusement, les droits d'auteur devaient lui permettre de supporter la dépense.

**

Lorsque nous fûmes près de passer, notre directeur eut l'idée d'une innovation qui nous causa un bon moment de contrariété et d'inquiétude : il avait imaginé de donner une répétition générale publique et payante. A cinq ou six francs par entrée, on ferait une recette assez confortable. En vain lui objections-nous que c'était risquer gros que de présenter ainsi la pièce sans être absolument sûrs que tout marchait absolument bien, il n'en voulut pas démordre et fit ouvrir la feuille de location.

Nous étions furieux et navrés, mais il se passa alors une chose qui nous prouva que, si Bruxelles est un second Paris, le caractère des Bruxellois n'est pas tout à fait celui des Parisiens : il ne se présenta pas un seul amateur!

— Pourquoi payer plus cher pour voir une pièce qui n'est pas tout à fait prête, s'étaient-ils dit, alors que nous la verrons à bien meilleur compte dans deux ou trois jours ?

Et, pratiquement, ils avaient attendu, ce qui

nous procura la surprise agréable de trouver la salle vide, en arrivant le soir.

Grand bien ce fut, d'ailleurs, car, ainsi que cela se produit souvent la veille d'une brillante première, cette répétition générale fut détestable. Ce n'étaient qu'accrocs sur accrocs, entrées manquées, morceaux attaqués de travers, costumes incomplets, tout enfin pour justifier l'appréhension que nous avions eue d'admettre le public. Sans compter les rideaux, qui firent le désespoir de Lecocq, ne s'ouvrant pas au moment voulu, mais refusant, par contre, de se refermer quand ils s'étaient ouverts.

— Jamais plus je ne ferai de pièces où il y aura des rideaux! s'écria-t-il le plus sérieusement du monde.

Mais, comme dit Capus, tout s'arrange, même les rideaux, et le lendemain, il ne restait plus trace de ces petites misères.

A notre répétition assistait Cantin, le directeur des Folies-Dramatiques. Comme il était en train de faire sa fortune à Paris avec la *Fille de Madame Angot*, il n'avait pu se dispenser de faire le voyage, ne fût-ce que par déférence pour le musicien qui l'enrichissait.

Si le sommeil est une opinion, suivant la réponse que fit un jour Samson à un auteur qui venait d'avoir une lecture à la Comédie-Française, Cantin ne nous dissimula pas longtemps la sienne. A partir du milieu du premier acte, il dormait à poings fermés et, le lendemain matin, il reprenait le train, en déclarant qu'il s'était prodigieusement ennuyé. Il est vrai que, quelques mois plus tard, il nous avouait que, ce soir-là, il avait assez copieusement dîné et que sa digestion se faisait mal.

De là, je dois conclure que le public de la première ne fut composé que de gens possédant des estomacs d'ordre tout à fait supérieur, car l'accueil fut absolument triomphal, et, dès le finale du premier acte, tous les spectateurs, debout dans la salle, acclamaient le compositeur et le forçaient à paraître deux ou trois fois sur la scène.

* * *

Détail amusant : le modeste souper que devait nous offrir Humbert à l'issue de la représentation suivit la marche ascendante du succès. Tout d'abord, nous devions simplement, le spectacle terminé, aller derrière le théâtre, dans la petite rue des Bouchers, manger une douzaine d'huîtres, avec des tartines et un verre de bière. Après le premier acte, il était décidé qu'on y adjoindrait quelque volaille ou quelque viande froide ; au second, le menu se corsait d'écrevisses et de foie gras; enfin, au baisser du rideau, le champagne à flots s'imposait de lui-même et, au lieu d'une demi-douzaine d'invités, il n'y avait pas moins de cinquante convives, venus pour toaster gaiement en l'honneur de la centième !

*
* *

Huit jours plus tard, à défaut des Folies-Dramatiques et de leur directeur au bois dormant, nous avions traité avec la Renaissance, où, sans même aller voir la pièce et sur le simple écho arrivé de Bruxelles, on nous offrait la distribution qu'il nous plairait de désigner.

Pour le double rôle de Giroflé et de Girofla, j'ai déjà conté comment nous avions eu la bonne fortune de découvrir et de nous attacher Jeanne Granier, alors qu'elle se trouvait confondue dans la troupe de « petits rôles » engagée par Offenbach à la Gaîté. Le baryton Vauthier était tout désigné pour Mourzouck, et Marasquin devait trouver un interprète à souhait en Puget, le fils de l'ancien ténor de l'Opéra-Comique.

Pour le rôle d'Aurore, nous pensâmes tout de suite à l'excellente Alphonsine, qui avait jadis si joyeusement brillé aux Variétés dans les *Amours* de *Cléopâtre*, l'*Infortunée Caroline* et l'*Homme n'est pas parfait*, et qui, ensuite, avait joué la comédie au Gymnase — c'était même son nom qui avait fourni à Dumas fils le titre de *Monsieur Alphonse*. Pour le moment, elle vivait retirée à Asnières et disait avoir renoncé au théâtre — raison de plus pour qu'il ne nous parût pas trop difficile de l'y ramener.

En effet, après quelques façons, de pure forme, elle nous donna sa parole, mais en exigeant que Lecocq écrivît pour elle des couplets où elle ferait valoir les belles notes graves qu'elle venait de se découvrir. Quant à Boléro, nous ne parvenions pas à dénicher l'oiseau rare qu'il nous fallait absolument. Tous les artistes auxquels nous aurions pu songer n'étaient pas libres d'engagement et, si je puis me permettre cette figure osée, nous étions à deux doigts de donner notre langue au chat.

Nous fûmes tirés d'embarras par Humbert, qui aimait *Giroflé-Girofla* comme une chose à lui, au point qu'il ne nous aurait pas permis d'y changer un mot, nous disant que nous allions abîmer « sa pièce ». Quand il apprit la situation, il n'hésita pas à nous offrir Jolly, le créateur du rôle à Bruxelles. Jolly, c'était l'homme indispensable de sa troupe, dont l'absence risquait de désorganiser le répertoire, n'importe!

— Avant tout, disait-il, je veux que *nous ayons* un succès à Paris!

Des directeurs comme celui-là, il n'y en a plus et nous avions bien raison quand nous lui dîmes en riant :

— Vous n'êtes pas Humbert, vous êtes un père pour nous.

**
* **

Cette difficulté aplanie, les répétitions allèrent tranquillement leur train, sauf pendant les derniers moments, qui furent quelque peu fiévreux par suite d'un match engagé avec un théâtre rival.

Depuis longtemps, Bertrand s'occupait aux Variétés d'une opérette de Sardou et Philippe Gille, les *Prés Saint-Gervais*, dont la musique était de Lecocq et qui devait, par traité, passer le 31 octobre au plus tard, le compositeur s'étant engagé à ne donner aucune pièce nouvelle avant cette époque. Tout naturellement, nous ne devions, nous, être joués que dans le courant de novembre, et nous en avions pris notre parti, ce qui ne nous empêchait pas de regretter *in petto* que *Giroflé-Girofla* ne fût pas la première opérette de Lecocq à Paris après la *Fille de Madame Angot*. La lenteur calculée de Sardou à ses répétitions fit que le mois d'octobre se termina sans que les *Prés Saint-Gervais* eussent été affichés. Nous entrevîmes alors avec joie la possibilité d'arriver bons premiers. Mais, pour cela, il fallait ruser, affecter de travailler lentement alors que, sous main, nous redoublions d'efforts aux répétitions, dont nous annoncions la dernière à deux ou trois semaines de là, au plus tôt. Puis, quand tout eut été bien préparé dans l'ombre et le mystère, subitement nous démasquions une affiche portant « *Relâche pour répétition générale.* » Hip! Hip! Hurrah! Bertrand était battu d'une dizaine de longueurs! Il fut quelques jours à s'en remettre.

Du sort de la pièce, je n'ai rien à dire que l'on ne sache. Je me rappelle seulement qu'au moment de paraître en scène, Granier fut prise d'un trac fou — ce trac dont elle n'a jamais réussi à se débarrasser les soirs de première :

— Non! criait-elle, je ne veux pas! J'ai trop peur. Je ne pourrai jamais!

Il fallut presque la pousser de force sur le tremplin. Mais, une fois qu'elle y fut, elle y resta.

Un autre trac, d'un effet tout différent, fut celui de Vauthier. Lui n'hésita pas à entrer en scène;

au contraire, il y entra trop violemment. Son apparition, au premier acte, devait être brusque et sauvage. Dans son trouble, il prit un tel élan qu'une glissade l'amena jusqu'au trou du souffleur et que, sans un heureux rétablissement, il serait tombé au plein milieu de l'orchestre.

Ce souvenir le poursuivit longtemps et, lors de sa création suivante dans la *Petite Mariée*, il redoutait à l'avance un accident du même genre. Pourtant, le jour de la première, on le vit arriver très calme au théâtre.

— Oh! ce soir, je suis sûr de moi, expliqua-t-il. J'ai pris mes précautions. Avant de venir ici, je suis entré à Notre-Dame-de-Lorette pour faire brûler un cierge et, quand il a été allumé, j'ai dit : « Maintenant, mon Dieu, je les... je me fiche d'eux tous ! »

Racontée naïvement par lui, de sa voix de clairon, je vous assure que la chose ne manquait pas de gaieté.

8 juillet 1912.

XII

Le Gymnase Montigny.

Au Gymnase à dix ans. — Lafontaine dans *Flaminio* de George Sand. — *Un Fils de famille*. — Comment écrivait Alexandre Dumas père. — La première du *Verrou de la Reine*. — La troupe du Gymnase-Montigny. — Mariage d'artistes. — *Faut-il la tuer?* — Un grand directeur d'autrefois. — Dumas fils et la parodie. — Un lever de rideau plus que centenaire. — *Les Maniaques*. — Un artiste gagné par son rôle. — La contagion. — Au cimetière Notre-Dame, à Versailles. — Touchante pensée de femme.

Je n'avais pas dix ans lorsque je suis entré pour la première fois au Gymnase — non comme auteur, vous pensez bien : c'eût été par trop de précocité !

La pièce à laquelle j'assistai pour mes débuts au théâtre de Madame était le *Flaminio* de

George Sand, mais je serais bien incapable de commettre la moindre indiscrétion sur le sujet de cette comédie qui n'a du reste pas laissé de traces. Tout ce que je me rappelle et qui m'avait beaucoup frappé, c'est qu'il y avait là-dedans un personnage fatal et romanesque à tous crins, qui était, je crois bien, joué par Lafontaine. Le nombre de fois que ce brave Lafontaine aura été fatal sur la scène, on ne saurait se l'imaginer ! Ce qui ne l'empêchait pas de se montrer au besoin plein de bonhomie et d'onction, comme dans l'*Abbé Constantin*, ou même de fantaisie comique, comme dans le *Fils de famille*.

Voilà une pièce, le *Fils de famille*, qui bien que je l'ai vue à peu près vers la même époque, à une reprise, est restée tout à fait vivante dans ma mémoire : Bressant, Lafontaine, Lesueur, Priston, Landrol, Rose-Chéri, Mélanie, Chéri-Lesueur elle-même avec sa longue figure chevaline, tous disparus depuis longtemps et que je revois encore aussi nettement qu'aux soirs où ils attiraient la foule au boulevard Bonne-Nouvelle !

Peu après *Flaminio* et le *Fils de famille*, un autre de mes souvenirs lointains est celui d'une première, — la première de ma vie — pour laquelle j'avais reçu, honneur dont je n'étais pas médiocrement fier, un fauteuil à moi spécialement adressé par Alexandre Dumas père, qui, fort lié avec ma famille, m'a témoigné jusqu'aux derniers jours une affection que je n'ai jamais oubliée.

∴

Quelle que fût l'heure à laquelle nous arrivions chez lui — il habitait alors un hôtel assez vaste avec un grand jardin, au 77 de la rue d'Amsterdam — nous le trouvions en bras de chemise à sa table de travail, couvrant de sa large et rapide écriture de longs feuillets de papier bleuté, qu'il jetait au fur et à mesure autour de lui. Le parquet en était jonché et il fallait mille détours et précautions pour l'approcher sans marcher sur la copie éparpillée. Dès qu'il m'apercevait, il me criait de sa bonne voix gaie :

— Tu arrives bien ! Vite à quatre pattes, ramasse-moi tout cela et mets les pages en ordre.

Puis, quand j'avais terminé :

— Tu vois, c'est déjà un commencement. Nous ferons quelque chose de toi !

C'est sans doute un service de ce genre qui m'avait valu ce fauteuil à la première. Mais je tombais mal, car le succès ne fut pas des plus brillants. Il s'agissait d'une comédie en trois actes, le *Verrou de la Reine*, mettant en scène Louis XV et Marie Leczinska séparés par le Cardinal Fleury, dont les manœuvres se trouvaient à la fin déjouées par le duc de Richelieu qui arrivait à faire du roi le vrai mari de sa femme en dévissant avec son épée, au moment psychologique, le verrou que la reine avait fait placer à la porte de sa chambre. Ce dénouement ne passa même pas très facilement, malgré toute la désinvolture et l'aisance qu'avait montrées dans le rôle de Richelieu l'excellent Dupuis qui devait bientôt nous quitter pour s'en aller à Saint-Pétersbourg et que nous avons revu à son retour de Russie, vieilli déjà et un peu alourdi, mais toujours si fin, dans le *Voyage d'agrément* de Bisson au Vaudeville.

**

Quelle troupe merveilleuse possédait alors Montigny! Aux noms que j'ai cités, il faut ajouter ceux de Ferville, un vieux comédien sans rival dans les pères nobles; de Bouffé, retiré du théâtre depuis longtemps, mais qui reparaissait encore quelquefois dans un des rôles de son répertoire, *Michel Perrin*, entre autres; de Derval; de Lafont, aussi célèbre à cette époque par la coupe de ses habits que notre Le Bargy l'est aujourd'hui par le choix de ses cravates, ce qui n'excluait pas plus le talent chez le premier que chez l'autre : on se rappelle encore sa grand allure dans le *Montjoie* d'Octave Feuillet, et plus tard dans le *Rabagas* de Sardou au Vaudeville. Je citerai encore Marie Delaporte, qui devait remplacer Rose-Chéri et créer la plupart des jeunes premières de Dumas fils et de Sardou, et surtout l'exquise Victoria, dont la grâce d'ingénue véritable et la réputation inattaquée avaient conquis tous les cœurs et, en particulier, ceux des collégiens d'alors, qui autour de moi se montraient des plus emballés. Ce qu'il s'est vendu de portraits de Victoria dans la *Grâce de Dieu* qu'elle était allée jouer en représentations au boulevard, Daguerre lui-même n'aurait su le dire !

Aussi, ce fut un événement quand on apprit, pendant les répétitions du *Démon du jeu* de Barrière et Crisafulli, qu'elle allait épouser son camarade Lafontaine. L'église Saint-Eugène fut trop petite ce jour-là et la foule débordait jusque dans la rue Sainte-Cécile, une foule dont l'empressement marquait le plaisir d'assister au mariage de deux artistes aimés et, peut-être aussi, un peu de chagrin de voir se terminer au profit d'un seul le petit roman que chacun avait plus ou moins ébauché dans son imagination.

Ce fut peu de temps après que les deux époux furent nommés « par ordre » sociétaires de la Comédie-Française et, le soir de ses débuts dans

Il ne faut jurer de rien, où elle était si délicieuse, Mᵐᵉ Lafontaine retrouva, fidèles à leur poste, tous les admirateurs de Victoria, qui lui firent une ovation.

⁎⁎⁎

Lorsque j'ai été joué au Gymnase, cela a été avec une pièce en un acte qui était reçue d'avance « quelle qu'elle fût ». Voici comment : après avoir comme tout le monde déposé chez le concierge trois actes qui nous avaient valu, à Leterrier et à moi, la lettre de rigueur, nous nous étions tournés vers d'autres scènes et nous ne pensions plus à revenir frapper à cette porte, quand l'apparition de la brochure de Dumas fils : *Tue-la!* nous donna l'idée d'un à-propos.

On annonçait aux Variétés : *Ne la tue pas!* Nous fîmes, nous : *Faut-il la tuer?* et, comme il nous paraissait piquant de présenter notre manuscrit au Gymnase, nous allâmes le porter à Derval, que nous connaissions quelque peu et qui, en même temps qu'artiste de la troupe, était le régisseur général du théâtre.

— Revenez dans huit jours, nous dit-il. Je vais lire cela et je verrai s'il y a lieu de le soumettre à M. Montigny.

Huit jours après, il nous répondait :

— Je n'ai même pas eu le temps de lire. Aussitôt après votre visite, M. Montigny est entré dans mon bureau. Il a vu votre manuscrit dont le titre l'a fait sourire, il l'a pris et l'a emporté avec lui à la campagne, en même temps que d'autres qu'il veut examiner pour le prochain spectacle coupé qu'il doit m'envoyer de là-bas. Je ne serais pas étonné que vous soyez choisis.

Mis en espoir par ces paroles du bon Derval, nous ne laissions pas s'écouler une semaine sans venir aux nouvelles. La première fois, Montigny avait envoyé une pièce à mettre en répétitions, puis une autre, puis une troisième. Mais la quatrième n'arrivait toujours pas! Évidemment, il y avait quelque chose là-dessous.

— Je le connais, nous répétait Derval. S'il ne devait pas vous jouer, il y a longtemps qu'il vous aurait rendu votre manuscrit.

Enfin, un jour, il nous fit savoir que le directeur était rentré à Paris et voulait nous voir. Je ne m'étais pas encore trouvé en présence de Montigny et, au premier abord, son aspect n'avait rien de très engageant. C'était alors un homme d'une soixantaine d'années, grand, massif, bien droit, avec un collier de barbe blanche et drue et un air de sérieux et d'autorité devant lequel on restait intimidé. Mais cette autorité était douce et posée et, dès qu'il vous adressait la parole, on s'apercevait qu'on n'avait pas affaire à un ogre et cela vous remettait vite en confiance.

— Mes amis, nous dit-il, j'ai trouvé votre petit acte amusant et j'aurais voulu le monter tout de suite. Seulement le Gymnase, vous le savez, est la maison de Dumas en même temps que la mienne et je ne pouvais jouer ici sans son assentiment une parodie de son livre. Il m'a prié de n'en rien faire, non parce qu'il répugne à la parodie, mais parce qu'il doit me donner l'année prochaine une pièce sur ce sujet-là et qu'il ne voudrait pas qu'il fût auparavant tourné au comique sur la scène même où il va le traiter sérieusement. Pourtant, nous avons jugé qu'il vous était dû une compensation. Apportez-moi un autre acte, je le reçois d'avance sans le lire.

*
* *

La pièce à laquelle Dumas faisait allusion fut jouée en effet l'année suivante : c'était *la Femme de Claude*. Quant à notre parodie, elle ne fut pas tout à fait perdue. Avec quelques légers remaniements, elle passa un peu plus tard à la Renaissance, où elle eut certainement un nombre de représentations qu'elle n'aurait jamais atteint sous sa forme primitive, car, sous le titre de *Trop curieuse*, elle servit à plusieurs reprises de lever de rideau à *la Petite Mariée*, à *la Marjolaine* et à *la Camargo*, pendant quatre ou cinq cents soirées pour le moins. J'ai même eu le plaisir de constater dernièrement qu'il y avait en province deux ou trois directeurs qui avaient eu le bon goût de la faire figurer sur leur affiche.

* *

Inutile d'ajouter que nous ne fîmes pas attendre à Montigny l'acte qu'il nous avait reçu d'avance. Au bout de quelques semaines, nous lui apportions les *Maniaques*.

— Donnez la pièce à Derval et entendez-vous avec lui pour la distribution, nous dit-il. Je lirai ensuite, mais par simple curiosité.

Les répétitions commencèrent immédiatement avec Lesueur, Andrieux, un jeune premier qui a fait depuis toute sa carrière en Russie, un comique appelé Ulric, Maria Legault, qui venait de débuter et qui fut remplacée vers la trentième par une autre élève du Conservatoire, Alice Lody, devenue plus tard Mme Albert Vizentini, et enfin une jeune artiste désignée sous le simple nom de Juliette et qui était la fille du régisseur Prioleau et de Mme Prioleau, une duègne assez appréciée.

La pauvre Juliette mourut avant la fin des représentations, emportée par la fièvre typhoïde, au théâtre même, dans l'appartement qu'elle y occupait avec ses parents. Je ne revois jamais sans penser à elle ces petites fenêtres qui se trouvent en façade, tout en haut, au-dessus du foyer du public. Lorsque la pièce parut en brochure, la mère nous fit demander l'exemplaire qui aurait été destiné à sa fille, en nous priant d'y mettre la même dédicace que si elle eût été encore vivante.

.*.

Pendant ces répétitions et bien qu'il ne s'agît que d'une chose à laquelle il n'attachait que peu d'importance, j'ai pu me rendre compte de ce qu'avait dû être, comme metteur en scène, l'homme qui dirigeait le Gymnase depuis 1844. Dès que les acteurs commençaient à savoir suffisamment leur rôle, il arrivait, après avoir prévenu la veille. Installé dans son fauteuil, il écoutait sans faire la moindre observation.

Mais le lendemain, quel changement! En quelques mots nets et brefs il bouleversait tout, mettant à droite ce qu'on avait réglé à gauche, faisant reculer celui qui était en avant ou s'asseoir celui qui était debout, et tout cela sans se tromper d'une réplique, posément, avec une sûreté extraordinaire. En moins de rien, la pièce avait complètement changé d'aspect et l'on se trouvait tout étonné de la facilité avec laquelle cela avait été fait.

Du reste, il ne vint pas bien longtemps. Lesueur jouait le rôle d'un vieux maniaque que le moindre dérangement à ses habitudes mettait hors de lui : il lui était impossible de lire son journal si quelqu'un en avait enlevé la bande avant lui, de prendre une tasse de café s'il n'avait pas mis le sucre avant de verser le café, etc. Or, il était, comme on dit, si bien entré dans la peau du bonhomme, qu'il en était arrivé à prendre au naturel toutes les manies de son personnage et d'autres en plus. Un accessoire qu'il ne trouvait plus à sa place accoutumée l'empêchait de continuer à répéter, une chaise changée de côté lui faisait perdre le fil d'une scène. A la fin, Montigny, n'y tenant plus, nous déclara qu'il allait nous laisser continuer le travail sans lui.

— Je finirais par devenir maniaque à mon tour, nous dit-il. J'aime mieux ne plus venir.

Pareille chose s'était produite, à ce qu'on m'a conté, au Palais-Royal pour *les Gens nerveux* de Barrière et Sardou, où l'on était arrivé à grincer des dents et presque à se prendre aux cheveux pour tout de bon.

.˙.

Je parlais plus haut du mariage de Victoria et de Lafontaine. Je finirai par ceci qui en est le touchant épilogue :

Si vous allez à Versailles, entrez au cimetière Notre-Dame, dans la rue des Missionnaires. Là, en suivant l'allée centrale jusqu'au milieu, puis en tournant un peu à gauche, on trouve la tombe de Louis Thomas, dit Lafontaine. Sur la pierre se dresse un buste en bronze de l'ancien sociétaire de la Comédie-Française. A la boutonnière est percé un petit trou dans lequel, chaque jour, une main pieuse vient mettre une fleur rouge, œillet ou géranium, qui, de loin, fait l'effet d'une décoration — cette décoration qui l'eût rendu si heureux et qu'il méritait aussi bien que d'autres qui l'ont eue depuis!

N'est-ce pas que c'est bien là une pensée d'artiste — et de femme?

4 août 1912.

XIII

De chez Brébant au Théâtre du Palais-Royal.

La belle Mme Brébant. — Le nouveau restaurateur des lettres. — Le coin des habitués. — Le peintre Charles Marchal. — Trio de boulevardiers. — Choppart dit l'Aimable. — Adolphe et Saint-Agnan Choler. — La troupe du Palais-Royal. — Le sanctuaire de la Gaîté. La coloquinte. — Dormeuil et Plunkett. — Un souffleur exceptionnel. — *Mme Clara somnambule.* — Violon contre piano. — Le premier *Papa*. — Répétition générale de jadis. — *Le Huis-clos.* — Maître Carraby et M. de Malesherbes.

La salle du rez-de-chaussée, au restaurant Brébant. C'est un décor resté familier aux vieux Parisiens qui fréquentaient le boulevard pendant les quelques années qui ont précédé et suivi la fin de l'Empire.

Faisant face à la porte d'entrée, la caisse où

trônait quelquefois, mais assez rarement, la belle madame Brébant, qui se tenait de préférence au premier étage, où elle était moins en vue. Le couple était bien connu du public des premières, dont il faisait partie obligée. Elle, majestueuse et parée, lui, le ventre opulent, le teint fleuri et l'œil gai sous ses cheveux blancs, clopinant allègrement, comme chez lui, au milieu des groupes, avec toujours l'air de jeter sa serviette sous le bras — son geste habituel — et de demander si on était satisfait du menu. Excellent homme, très aimé de tout le monde artiste, il avait mérité après Dinochau le surnom de « restaurateur des lettres ». Nombreux étaient ceux qui avaient déjeuné ou dîné de sa cuisine en ne le payant que de compliments et — pas toujours — de reconnaissance.

Aussi, à ce métier-là, n'avait-il pas amassé fortune et, vers la fin, lorsque sa vogue commença à décliner, dut-il s'estimer heureux de l'existence modeste que lui assurait la société qui reprit sa maison et l'avait conservé comme gérant. Mais c'en était fait de sa belle mine et de son ventre de prospérité. Quand, par hasard, on le rencontrait encore à une première, il n'était plus que l'ombre à demi-effacée de lui-même et il finit par disparaître sans bruit, à peu près oublié, après avoir connu la gloire d'être mis souvent à la scène dans des revues ou des vaudevilles : *Sic transit!...*

**

A la gauche de la caisse, il y avait trois ou quatre tables qui, à l'heure du dîner, étaient toujours réservées à quelques habitués. D'abord, tout au fond, un fort aimable homme, grand, fort, haut en couleur, qui s'appelait Archdeacon et était le père et l'oncle des sportsmen connus. Il occupait cette place de fondation et, quand, peu à peu, nous étions venus nous installer aux tables voisines, il s'en était montré ravi, car il adorait le théâtre et tout ce qui s'y rattachait. Auprès de lui, on voyait souvent le peintre Charles Marchal, dont le tableau — qui avait été un des succès du salon de 1864 — *la Foire aux servantes en Alsace*, avait popularisé le nom. Avec sa bonne figure, ses yeux clairs et sa grosse moustache couleur des blés murs, c'était un brave garçon, qui n'avait que des amis. Un jour, il cessa de venir : sa vue se perdait, la gêne arrivait peu à peu et, dans un accès de désespoir, il s'était tué. Ce nous fut une grande tristesse lorsque nous en eûmes la nouvelle, et pendant quelque temps, sans qu'on se fût donné le mot, sa place resta inoccupée, comme si l'on eût attendu le bon camarade absent pour toujours.

⁂

A la table suivante, Albert Wolff, du *Figaro*, assis à côté de Victor Koning bouffi et satisfait, nous racontait les potins du jour de sa voix suraiguë et en scandant ses phrases de ce « Eh? Eh? » interrogatif que j'entends encore. Puis, un boulevardier impénitent, le vaudevilliste Ernest Blum, qui ne manquait pas, en sortant de table et avant de rentrer chez lui, d'aller faire un tour aux Variétés, où il ne voyait que le lever du rideau, car il s'était juré à lui-même depuis longtemps de ne jamais se coucher plus tard que neuf heures.

Tout à côté de la caisse, un personnage grave, moustachu et taciturne, qui arrivait paisiblement à pied du boulevard Saint-Martin, en pardessus clair et jaquette de coupe soignée avec un chapeau aux reflets impeccables et des gants gris-perle aux larges piqûres noires. Il saluait avec une sorte de grognement qui pouvait passer pour un bonjour et s'installait dans son coin, ne desserrant les dents à peu près que pour manger : c'était l'acteur Paulin-Ménier, le créateur fameux de Choppart dit l'Aimable, du non moins fameux

Courrier de Lyon. Tout d'abord, on l'aurait pu croire miné par quelque noir chagrin. Mais, point! Quelques-uns insinuaient que, s'il parlait peu, c'est qu'en dehors de ses rôles, il ne trouvait pas grand'chose à dire. A cela, on pourrait répondre qu'il en est, à la Chambre qui parlent beaucoup, encore qu'ils aient peut-être bien moins à dire.

Enfin, entre Blum et ce muet convive, j'avais pour vis-à-vis ordinaire un autre vaudevilliste, Adolphe Choler, qui était, avec Dormeuil et Plunkett, un des trois directeurs du Palais-Royal.

.·.

Ce n'est pas dans le Larousse qu'il faudrait vouloir se documenter sur son compte. Sous le prétexte qu'il avait un frère, le rédacteur de l'article qui lui est consacré dans le supplément, a si bien confondu leurs deux personnes qu'elles n'en font plus qu'une, désignée à la fois sous le nom d'Adolphe et de Saint-Agnan et ayant écrit à elle seule les œuvres des deux. Rendons à Adolphe ce qui n'est pas à Saint-Agnan. Ce dernier, qui écrivait pour les tout petits théâtres, avait été surtout le fournisseur de Gaspari au théâtre du Luxembourg et une de ses pièces : *Cocher, à Bobino!* avait attiré le Tout-Paris de la rive droite dans ce bouiboui cher aux étudiants et aux étudiantes.

Adolphe, lui, avait eu une carrière plus brillante et, parmi ses nombreuses pièces en collaboration avec Labiche, Siraudin, Marc Michel, Clairville et Henri Rochefort, il y en a, comme les *Marquises de la fourchette*, les *Méli-Mélo de la rue Meslay*, les *Pinceaux d'Héloïse*, *Un Pied dans le crime* et la *Vieillesse de Brididi*, qui sont encore au répertoire. Toujours rasé de frais, il portait le monocle immuablement rivé à l'œil droit, avec un chic et une aisance que le seul Aurélien Scholl possédait au même degré que lui.

Pendant les premiers temps, il ne m'adressait que rarement la parole et me faisait l'effet d'un homme assez peu liant. Peut-être redoutait-il « le coup du manuscrit ». Mais, à la longue, quand il s'aperçut que j'évitais de faire la moindre allusion à sa qualité de directeur, il se familiarisa et me prit en amitié, si bien qu'un jour ce fut lui qui aborda la question et me proposa de m'ouvrir le Palais-Royal. Je n'attendais que cela!

Le Palais-Royal! Il y avait si longtemps que j'en étais un spectateur assidu. Dès le collège, j'étais encore en quatrième, que déjà la *Mariée du Mardi-gras* avait pour moi moins de secrets que le quatrième livre de l'*Énéide* ou le chant neuvième de l'*Iliade*. Hortense Schneider, la mère Thierret et toutes les jolies filles de la troupe, Crénisse, Keller, Elmire Paurelle, Léontine Massin, de Ribeaucourt et autres, faisaient le plus grand tort à Virgile, à Homère et même au voluptueux Horace, et la voix de mes professeurs me semblait moins agréable à entendre que celle de Brasseur disant dans son rôle de Groseillon : « C'est mon oncle qui ne dira rien, mais c'est ma tante qui ne sera pas contente ! » Et dans les *Diables roses*, l'organe si suave de Gil-Pérez attaquant une phrase dans l'aigu pour la continuer sans transition dans les notes les plus graves : « Alors, je me suis dit : tiens ! si j'épousais la petite Belzingue ? Et pourquoi donc que je ne l'épouserais pas, la petite Belzingue ? » Cette façon de formuler une demande en mariage a longtemps fait ma joie.

Et Geoffroy, dans la *Cagnotte* ! Et Hyacinthe avec son nez phénoménal : « Peau de satin : on m'a donné ce nom-là à cause que j'ai la peau douce. » Ou bien « Sans effeuiller la reine des fleurs ! » qui est resté légendaire.

Dans une autre pièce, les *Femmes sérieuses*, qui n'eut que peu de succès, bien que signée Siraudin, Delacour et Blum, il était véritablement épique arrivant sous le costume de Louis X, dit le Hutin, qu'il appelait successivement : le Lutin, le Mutin, le Lutrin, sans jamais arriver à dire le nom vrai. Cela seul aurait dû sauver la pièce !

Et Lassouche, si cocassement abruti : « Y a-t-il un sac ? En ce cas, passez-moi la demoiselle ! » Et Pellerin, toujours sautillant, et ce bon Lhéritier avec le : « Ah ! » indéfinissable par lequel il terminait ses répliques en ouvrant une large bouche et en se passant la langue sur les lèvres, ses yeux blancs levés vers le ciel !...

C'était là une fière réunion de comiques, un ensemble dont on ne retrouverait sûrement pas l'équivalent aujourd'hui. Sans compter qu'à tous ces vétérans, venaient s'adjoindre peu à peu des artistes comme Calvin, puis le gros et fulminant Montbars, Daubray, rubicond et épanoui, Milher, Raymond et d'autres encore.

Avec une pareille troupe, on aurait pu croire que les coulisses du théâtre étaient le temple — que dis-je ! le sanctuaire même de la gaîté la plus folle. Point ! C'était froidement, posément et avec l'attention la plus sérieuse que l'on combinait les jeux de scène abracadabrants et les cascades insensées qui devaient plus tard faire s'esclaffer le public. Du reste, l'aspect des directeurs n'avait rien de folâtre. Dormeuil, qui souffrait sans nul doute d'une maladie de foie, semblait faire tous ses efforts pour dominer une crise quand il disait d'un ton dolent :

— Soyons gais ! Du mouvement ! Il y a bien longtemps que vous êtes à la même place. Sautez par-dessus cette chaise. Fourrez-vous sous cette table pour commencer votre déclaration. A présent, faites semblant de vous asseoir sur le canapé, qui se dérobera derrière vous et vous continuerez comme si vous ne vous étiez aperçu de rien. Il faut rester dans le comique, mes enfants !

— « Cherchons la coloquinte » était aussi un de ses mots favoris.

Plunkett, avec son air flegmatique et ennuyé d'Anglais, avait, de plus, l'oreille d'un dur à rendre des points à toutes les trappes de son théâtre. Il portait à chaque instant la main à son oreille en manière de cornet acoustique et souriait pour se donner l'air d'avoir entendu. Choler, lui, ignorait le sourire.

Il y avait encore Henri Luguet, à la fois artiste et régisseur, le seul être vraiment jovial de la maison, et le souffleur Garin, qui mérite une mention spéciale, car ce n'était pas un souffleur ordinaire. Toujours très correctement vêtu et d'une tenue parfaite, il était pour tous un véritable collaborateur, donnant au besoin son avis aux artistes et aux auteurs. Quand il vous avait dit: « Ne coupez pas ceci ou cela, c'est un effet », on pouvait l'écouter, car il ne se trompait jamais.

Pour n'oublier personne, je citerai encore le secrétaire-général Pélissier, auteur dramatique à ses heures, et non moins sourd que son directeur Plunkett : une conversation entre les deux était quelque chose qui n'avait rien de banal.

*
* *

Donc, tout se faisait avec la plus stricte méthode au Palais-Royal et la tradition y régnait tout aussi bien que dans la maison régie par le décret de Moscou, à l'autre extrémité des galeries. Je m'en aperçus dès la première pièce que je donnai au théâtre. C'était un acte joué par Brasseur, Montbars, Lassouche, Numa et Eugénie Lemercier, qui avait pour titre : *Madame Clara, somnambule*, avec musique nouvelle d'Isidore Legouix, l'auteur du *Lion de Saint-Marc*, du *Vengeur* et de l'*Ours et l'amateur des jardins*, un succès des Bouffes. Lorsque l'on commença à répéter, nous demandâmes le piano.

— Un piano ! s'écria Dormeuil. Il n'y en a jamais. Ici, on répète le chant au violon.

C'était la vérité pure. Pourtant, j'insistai en

disant que, sans piano, il serait difficile au compositeur d'accompagner ses artistes et de leur donner les mouvements, vu qu'il n'était que pianiste et qu'on ne pouvait vraiment pas exiger qu'il eût appris le violon d'ici la première. Enfin, après m'avoir bien redit « que cela ne se faisait jamais » et qu'il n'y avait eu d'exception que pour la *Vie Parisienne* et le *Château à Toto* d'Offenbach, « parce que c'étaient de grandes machines », il consentit à faire voiturer l'Érard ou le Pleyel du foyer, mais avec bien du regret et à titre de faveur spéciale.

*
* *

Ma seconde pièce à ce théâtre fut un vaudeville en trois actes, *Papa* — un titre qui a reparu il n'y a pas bien longtemps sur l'affiche du Gymnase avec une autre signature. Mais le titre est tout ce qu'il y a de commun entre les deux pièces. Dans le *Papa* premier en date, il s'agissait d'un célibataire endurci, qui sentait vibrer en lui sur le tard — sur le trop tard — la corde de la paternité. Il se faisait cette réflexion que, pour peu que l'on ait mené la vie de jeune homme, on doit être père quelque part et que le tout est de savoir où. Alors il cherchait, et ses recherches l'amenant chez le maire d'une petite ville pour consulter les registres de l'état-civil, il s'imaginait trouver l'enfant de ses rêves dans la propre fille du maire. Vite, il s'installait sous mille prétextes, et je me rappelle l'étonnant duo de pères que faisaient Montbars et Daubray, se disputant le cœur de la petite.

— Ne pleurez pas, mademoiselle, disait l'un.
— Si! au fait! Pleure si tu veux! clamait rageusement l'autre.

*
* *

Ce que je me rappelle encore mieux, c'est la répétition générale qui avait lieu dans la journée. Quelle différence avec celles d'à présent! La scène seule éclairée, et, dans la salle complètement obscure, quatre personnes en tout : les deux auteurs, un des directeurs et le représentant de la Censure, qui était, ce jour-là, mon ami Bourdon.

Avec cela, un froid terrible, un hiver des plus rigoureux. Aux entr'actes, pendant que l'on changeait le décor, nous allions nous réchauffer dans le boyau qui était le foyer des artistes — le bureau d'omnibus, comme on l'appelait. De la fenêtre, nous regardions tristement les jardins couverts d'une couche d'au moins vingt centimètres de

neige, où grouillait un nombre infini de points
noirs : tous les corbeaux du département, qui
avaient fui les campagnes inhospitalières pour
chercher un refuge à Paris!

Cela ne nous inspirait que peu d'idées riantes
pour le soir; pourtant, malgré ce temps si favorable aux ours, la pièce n'en fut pas un et réussit
beaucoup.

Un dernier souvenir qui marque à quel point
les habitudes ont changé depuis ces temps, qu'on
dirait préhistoriques. Aujourd'hui, on ne se gêne
pas pour mettre les gens à la scène en les nom-
mant tout à trac et il n'y a guère de protestations.
D'aucuns s'en montrent même ravis. Mais, à
cette époque-là, pour prononcer sur un théâtre le
nom d'une personne vivante, il fallait une autorisation écrite de la personne même. Ainsi, dans le
Huis-clos, un acte joué en 1883, nous avions
donné à Daubray un très long monologue — cent
cinquante lignes environ — où il racontait son
affolement lorsque s'étant introduit sous un costume d'avocat à la correctionnelle, pour assister
indûment à une affaire des plus croustillantes, il
s'était vu désigner d'office par le président pour
remplacer un défenseur pris de malaise. Il n'avait

qu'une idée, s'enfuir et se débarrasser au plus tôt, dans un couloir, de la robe fatale. Surpris à un moment par un huissier qui lui demande ce qu'il fait là, il lui répond qu'il apporte à M⁰ Carraby sa robe et sa toque. A la censure, on nous dit :

— Avez-vous l'autorisation écrite de M⁰ Carraby ?

— Non.

— Il nous la faut.

Vite une lettre au célèbre avocat, qui nous répond pour décliner l'honneur que nous voulions lui faire et nous prier de nous adresser à un autre de ses confrères, plus digne.

Nous aurions pu faire ainsi tout le tour du barreau, aussi prîmes-nous la résolution de porter notre choix sur un mort qui, lui, ne protesterait sûrement pas — le propre défenseur de Louis XVI.

Mais quel rire, lorsque Daubray débita, de la façon que vous pouvez vous imaginer :

— J'apporte à M⁰ Malesherbes sa robe et sa toque. — M⁰ Malesherbes, mais il n'est pas au Palais. — Ah ! Où est-il donc ? — En province. — C'est bien ! J'y vais...

Jamais le nom de Carraby ne nous aurait valu un pareil effet. Ce qui prouve bien que la censure avait du bon.

4 septembre 1912.

XIV

Jeanne Samary.

Une soirée d'*estudiantina*. — Gracieuse apparition. — Le rire des Brohan. — Une soubrette incomparable. — Dorine et Toinon, mère de famille. — Du Cœur-Volant à Trouville. — La saison fatale. — Un tapissier qui connait ses classiques. — Jeanne Samary et les raseurs. — La bonbonnière préservatrice. — Le tueur de mouches obstiné.

Voilà vingt-deux ans déjà qu'elle est morte, le 18 septembre 1890. Et, malgré le temps écoulé, je la retrouve dans mon souvenir telle que je l'ai vue un soir, pour la première fois, sans me douter qu'elle me deviendrait par la suite une amie aussi précieuse et aussi chère.

.*.

Ce soir-là, Edmond Tarbé, le directeur du *Gaulois*, recevait chez lui le Tout-Paris d'alors, auquel il voulait faire les honneurs d'une *estudiantina* nouvellement débarquée. Ces jeunes Espagnols, avec leur costume, le grand manteau et le chapeau agrémenté de la cuiller traditionnelle, avaient un vrai succès de curiosité. On se les arrachait et ils devaient même servir de clou à plus d'une revue. Il en est revenu d'autres depuis, mais le charme était épuisé et passé l'engouement de la nouveauté. Toujours est-il qu'en cette année 1875, ils étaient dans le plein de la vogue et que l'annonce de ce « numéro » à sensation avait attiré une nombreuse foule d'invités dans le bel hôtel de la rue de Boulogne, que l'on n'avait pas encore débaptisée au profit de l'architecte Ballu.

Du rez-de-chaussée au premier étage, on ne rencontrait que journalistes, auteurs et célébrités mondaines de toutes sortes, pendant que les étudiants, s'évertuant à « plumer la dinde », emplissaient les salons de leurs *coplas* et entassaient *jotas* sur *seguidillas* et sur *malaguenas*.

Un moment, pour me reposer du bruit et de la cohue, j'eus l'idée d'aller me réfugier dans la bibliothèque, qui se trouvait en aile sur la cour. Bien m'en prit : au milieu de la vaste salle le long de laquelle couraient les rayons chargés de livres, se tenait, pérorant et riant, entourée d'un cercle assez restreint, mais choisi, une jeune fille toute resplendissante, qui semblait la vie, la lumière et la gaieté elles-mêmes.

C'était Jeanne Samary, la petite-fille de Suzanne Brohan, la nièce d'Augustine et de Madeleine, qui venait de remporter son premier prix au Conservatoire et de débuter, avec un succès si éclatant, dans la Dorine du *Tartuffe*, à la Comédie-Française. Quelques invités, qui l'avaient reconnue, l'avaient saisie au passage pour la mettre à contribution. Avec sa bonne grâce coutumière, elle avait consenti à s'exécuter, et les tirades succédaient aux monologues, le tout entremêlé de joyeuses saillies et de fusées de rire — ce rire des Brohan, qu'elle tenait de famille et qui semble bien perdu pour toujours!

Ce fut, du reste, une des rares fois que l'on put l'entendre en dehors de la scène, car plus tard, elle s'était fait une règle absolue de décliner toutes les propositions et toutes les demandes auxquelles certains artistes ne sont que trop portés à céder.

Pendant plus d'une heure, nous avions été tenus dans l'enchantement, et, quand elle fut partie, malgré le cliquetis des castagnettes et le grincement des guitares qui continuaient à faire rage, il me semblait que la soirée venait de perdre le plus clair de son animation.

.

Ce que fut sa carrière, il est inutile de le rappeler. *Petite pluie,* la *Femme de Socrate, Chamillac,* la *Souris, Monsieur Scapin,* la *Duchesse Martin* et surtout la Suzanne de Villiers du *Monde où l'on s'ennuie* et Antoinette de l'*Étincelle* — oh! le récit de la scène avec le notaire, tout en cassant des noisettes! — autant de rôles, autant de succès pour son talent souple et varié, qui savait si bien allier, quand il le voulait, au comique le plus franc toute la grâce et toute la tendresse.

Mais cette artiste si vibrante et si moderne était en même temps un des piliers du répertoire. Elle y apportait la fantaisie la plus personnelle et la plus éblouissante, unie aux plus pures traditions classiques et à une maîtrise incomparable. En quoi je ne pense pas qu'elle soit de sitôt remplacée. J'ai parlé de la Dorine, qu'elle avait abordée avec tout l'aplomb et la crânerie de sa jeunesse et où elle avait enlevé de haute lutte son public. Avec quelle autorité elle s'imposa ensuite dans les *Précieuses,* le *Malade imaginaire,* les *Fourberies de Scapin, Amphitryon,* les *Femmes savantes* et le *Bourgeois gentilhomme!* Quelle joie que la grande scène du *Dépit amoureux* avec elle et Coquelin! Et les tirades en patois gascon de Lucette dans *Monsieur de Pourceaugnac!* On n'en pouvait saisir un traître mot, mais tout cela était lancé avec une telle volubilité et des sonorités si amusantes, que la salle entière en était soulevée. C'était la soubrette rêvée de Molière, dans toute sa verdeur saine et gauloise.

.*.

Cette santé morale et cette franchise qui lui attiraient toutes les sympathies sur la scène, elle les possédait également dans la vie privée. Honnête femme avant tout, mais sans pose ni bégueulerie, aussi simple de cœur que sa personne était rayonnante, c'était bien le camarade le plus sûr et le meilleur que l'on pût trouver. Mariée dès ses premières années de théâtre avec un excellent et charmant homme, Paul Lagarde, le frère du peintre, elle avait deux toutes petites filles, dont l'une est aujourd'hui Mme Broussan et l'autre Mme Moncharmont. Ses deux bébés étaient toute son adoration et, bien souvent, le soir, pendant un entr'acte, Toinette, Madelon ou Nicole, jetant un manteau sur son costume et la tête enveloppée d'une mantille, s'échappait du théâtre pour courir chez elle, rue de Rivoli, s'assurer que les chères petites s'étaient bien endormies et qu'il ne leur était rien arrivé.

Bien mieux, s'étant, un beau jour, convaincue que l'air de la mer leur serait plus favorable que celui de la campagne, elle avait renoncé à sa jolie maison du « Cœur-Volant », à Marly, où elle aimait tant à passer les étés, pour les emmener à Trouville, et l'on aurait difficilement deviné la brillante comédienne dans la maman attentive qui se faisait petite pour surveiller et partager leurs ébats sur le sable.

Ce fut là que je la retrouvai et que j'eus l'occasion de la connaître tout à fait intimement. J'y étais venu, de mon côté, avec ma famille, et les enfants ont vite fait de vous rapprocher. Au bout de peu de temps, les deux mères étaient devenues inséparables et les relations commencées sous les parasols de la plage devaient se continuer encore plus étroites à Paris. Nous ne laissions jamais passer une semaine sans nous voir au moins quatre ou cinq fois, ou chez elle, ou chez moi, ou bien au théâtre, lorsqu'elle jouait. Puis, juillet arrivant, on retournait à Trouville, qui devait lui être fatal !

# #

C'est, en effet, à Trouville qu'elle devait contracter le mal qui nous l'a prise. Rappelée un jour par son service à Paris, où elle était affichée dans le *Monde où l'on s'ennuie,* elle était partie ne se sentant pas très bien disposée, mais sans y prêter trop d'attention. Au retour, elle fut obligée de s'aliter et un praticien du pays se mit à la traiter pour un simple embarras gastrique.

Comme aucun mieux ne se manifestait, on commença à s'inquiéter et l'on fit appel à son médecin ordinaire, le docteur Moisard, qui s'empressa d'accourir. Je le vois encore, à peine descendu du train, arrivant dans la chambre de la malade et lui disant, après un rapide examen :

— Ce n'est rien, chère amie! Dans quelques jours vous serez sur pied.

Cela, d'un tel ton et avec une assurance si tranquille, que nous y fûmes tous pris. Mais, au bout d'un instant, il m'entraînait dans la pièce voisine et, la figure absolument changée :

— C'est une fièvre typhoïde des plus sévères! Il n'y a pas un moment à perdre pour la ramener à Paris.

Une heure après, revêtue d'une robe de chambre et roulée dans des couvertures, on l'installait dans un landau pour la conduire de la rue de la Cavée à la gare. Nous restions, nous, pour ne revenir que le soir, après avoir bouclé tout dans la maison et en ramenant les deux petites, que nous devions garder jusqu'à la guérison de leur mère.

J'avais voulu l'accompagner jusqu'au quai du

départ et, en marchant derrière cette voiture, qui allait au pas pour éviter toute secousse, j'eus comme l'impression que je suivais déjà son convoi. Quand elle fut dans le compartiment avec son mari et son médecin, elle me tendit la main en souriant :

— Au revoir. A bientôt !

Je ne devais plus la revoir que morte !

Pourtant, tout d'abord, quand elle s'était retrouvée chez elle, son lit dressé dans le grand et clair salon d'où la vue s'étendait si loin par-dessus les Tuileries et jusqu'au delà du Trocadéro, elle avait paru devoir aller mieux. Le docteur Potain, appelé en consultation, avait même déclaré que, si d'ici deux ou trois jours, il ne se produisait pas de complications, on pourrait espérer. Et nous espérions tous : dans la nuit, une hémorragie l'emportait.

Jamais je n'ai vu foule aussi nombreuse et aussi recueillie que celle qui se pressait à Saint-Roch et tout autour de l'église, le jour de son enterrement et, sur tout le passage, jusqu'au cimetière de Passy, où elle allait reposer. Pas plus nombreuse cependant que celle qui avait envahi la Trinité quand elle s'y était mariée, mais combien différente ! C'est que, ce jour-là, ce n'était plus fête et que Paris était en deuil de sa gaieté !

Mais j'ai hâte de laisser ces images trop tristes pour revenir encore aux jours heureux où nous avons pu jouir de cette amie si rare.

De la place du Palais-Royal aux Tuileries où elle circulait toujours à pied, elle était connue et populaire. Très myope, elle osait à peine traverser une rue toute seule, par crainte des voitures — que serait-ce aujourd'hui, avec messieurs les chauffeurs? Dans ces cas-là, elle n'hésitait jamais à réclamer l'aide d'un agent ou, à défaut, celle du premier passant dont la mine lui inspirait confiance. Une fois qu'il commençait à faire sombre, elle s'adresse à un jeune apprenti tapissier qui, tout fier de l'honneur, arrondit son bras le plus galamment du monde et comme, le passage franchi, elle voulait le remercier :

— Oh! madame Samary! Cela n'en vaut pas la peine! répond le garçon.

Et il ajoute, avec noblesse et conviction :

— Du temps de Molière, les tapissiers portaient l'épée!

Elle en riait encore le soir, en nous le contant.

***

A Trouville, il lui arrivait, surtout pendant la

grande semaine, d'être accrochée par quelque importun, qui ne la quittait que très difficilement. Très accueillante, elle n'avait souvent pas la force de s'en débarrasser et c'était moi qui avais mission, quand je sentais que cela allait tourner, comme on dit, à la barbe, de venir la délivrer, sous un prétexte quelconque. Et je m'en acquittais de mon mieux. Pourtant, un matin que nous faisions les cent pas sur les planches, je la vois abordée par un personnage qu'elle accueille de la façon la plus joyeuse et la plus expansive. Devant cet enthousiasme, je me retire discrètement. Une bonne demi-heure après, elle revient à moi toute grondeuse :

— Eh bien! Vous n'êtes pas futé de m'avoir laissée si longtemps aux mains de ce raseur.

— Un raseur! Mais vous aviez l'air d'en être si ravie!

— Comédie, mon cher!

— Vous la jouez trop bien! C'est votre faute.

— Que voulez-vous? Il faut bien être aimable avec les gens!

Ce qu'elle redoutait encore plus que les raseurs, c'était ceux qui venaient lui parler presque dans le nez avec un souffle qui n'était pas celui de la rose. Contre ceux-là, elle était armée d'une petite boîte en or contenant des bonbons parfumés ou du cachou. Dès les premiers mots, elle l'ouvrait, faisait semblant d'y puiser pour elle-même et la tendait à son interlocuteur :

— Comme cela, disait-elle, je n'ai rien à craindre. Ça me réussit toujours.

Il y en eut un, pourtant, avec lequel elle n'eut pas de succès. C'était un fort brave homme, un digne fonctionnaire, assez bavard, tout à fait incapable de faire volontairement du mal à une mouche, mais ne manquant pas de la tuer à distance. Quand elle lui offrit la bonbonnière préservatrice, il la repoussa d'un geste doux :

— Merci ! Je ne mange jamais de sucreries. Ça donne mauvaise haleine !...

Hélas ! Que tout cela est loin !

20 septembre 1912.

XV

La Camargo.

Deux pièces oubliées des directeurs. — Le brigand et la danseuse. — Le cabaret de Ramponneau. — L'Opéra sous la Régence. — Grévin dessinant des costumes sans crayon. — Une belle distribution. — Refrains populaires. — Le perroquet de Zulma Bouffar. — Un nouveau Ver-vert laissé pour compte. — La soupe aux choux à la mode. — Un artiste qui dîne gratis.

De toutes les opérettes que j'ai fait représenter en collaboration avec Charles Lecocq, et qui sont devenues plus que centenaires, il n'en est guère que deux, la *Marjolaine* et la *Camargo* qui n'aient pas reparu sur une affiche parisienne depuis un certain nombre d'années. Tandis que *Giroflé-Girofla*, la *Petite Mariée* et le *Jour et la Nuit*, n'ont jamais cessé d'être au répertoire courant, les deux autres ont été à peu près négligées, sans qu'il y ait à cela une raison bien appréciable, car elles avaient eu, à l'origine, le même succès, et, tant que dura la direction Koning à la Renaissance, on en avait donné des reprises fructueuses. Mais les directeurs changent et ils oublient — ou ils ignorent. Pourtant, en ce qui concerne la *Camargo*, je ne doute pas qu'il ne s'en trouve quelque jour un plus avisé qui se souviendra, à son grand profit, d'une des partitions les plus gaies et les plus charmantes du compositeur de la *Fille de Madame Angot*, qu'il tient lui-même en grande estime, dont tous les motifs si pimpants ont été un moment populaires et ne tarderaient pas à le redevenir.

Nous avions eu l'idée de la pièce en lisant, je ne sais plus où, une anecdote qui contait que la célèbre danseuse ayant été capturée par les hommes de Mandrin, sur la route de Lyon, où elle allait en représentations — déjà les tournées ! — le bandit s'était empressé de lui rendre la liberté en n'exigeant galamment pour rançon que la faveur de lui voir danser un de ses pas. L'aventure était d'une authenticité assez douteuse, mais que nous importait ? Il suffisait qu'elle fût vraisemblable et elle nous paraissait à souhait pour ne opérette. Nous en parlâmes à Koning, qui fût tout de suite séduit :

— Justement, nous dit-il, j'ai chez moi une

ancienne estampe qui représente le cabaret de Ramponneau à la Courtille et je rêvais de la mettre à la scène. Tâchez de me trouver un troisième acte qui se passe chez Ramponneau.

Ainsi fut fait — et très heureusement, car le décorateur Cornil nous en donna une reproduction fort ingénieuse, et du plus grand effet. Rien n'y était oublié, ni la grande porte d'entrée avec son enseigne : « *Au Tambour royal — Ramponneaux* », ni la grande cheminée où rôtissaient viandes et volailles, ni l'enfilade des salles aux murs couverts d'inscriptions et de naïfs *graffiti* demeurés célèbres : *Gallus cantate, Bachus* (sic), *Prêt à boire, Sitio, La Camargot, Mon Oye fait tout,* etc.

⁂

Pour les deux premiers actes, les lieux de scène s'imposaient d'eux-mêmes : d'abord le foyer de la danse tel qu'il devait être à l'Opéra, situé alors à l'angle de la rue de Valois actuelle et de la rue Saint-Honoré, et dont on retrouve quelques vestiges dans un immeuble occupé par un restaurant. Ensuite, un vieux château isolé, servant de repaire à Mandrin et à sa bande. Il n'y avait plus qu'à se mettre à écrire, mais nous avions le temps devant nous : le *Petit Duc*, qui tenait l'affiche depuis le mois de janvier 1878, devait, l'Exposition aidant, s'y maintenir pendant de longs mois encore, et la *Camargo* ne vit son tour arriver que dans les derniers jours de novembre.

Les costumes étaient, naturellement, dessinés par Grévin. Pour le premier acte, il nous avait fait une reconstitution exquise d'un ballet mythologique au xviii° siècle; il y eut un mouvement dans la salle quand le rideau se leva sur les groupes de danseuses terminant leur répétition et auxquelles venait se mêler le chœur des abonnés. Par exemple, lorsque je lui avais réclamé plusieurs fois les dessins pour les brigands, je n'avais jamais pu en obtenir que cette réponse :

— Attendez! vous les verrez plus tard.

Le vrai est qu'il n'y en avait pas et qu'il n'y en eut jamais. A la première répétition en costumes il se borna à faire descendre du magasin tout ce qui s'y trouvait, et, prenant homme par homme, il se mit à affubler chacun à sa façon et un peu au hasard : l'un, moitié abbé, moitié soldat ou paysan; l'autre, domestique et seigneur, ou bien mi-partie Louis XIII, mi-partie Louis XV; celui-ci, qui était grand, avec une défroque trop petite tandis que celui-là se perdait dans des vêtements trop larges, bref, un ensemble des plus pittoresques et que, disait-il, il n'aurait pas trouvé aussi bien le crayon à la main.

Quant à la distribution, du rôle le plus important au plus infime, elle était de premier ordre. Et il n'y avait pas moins de trente-deux personnages — ce qui, d'ailleurs, a peut-être contribué à rendre l'ouvrage difficile à monter sur certains théâtres. Tout d'abord, le beau baryton Vauthier, tout fier d'incarner un Mandrin à panache, en même temps bandit et gentilhomme, puis Berthelier, un lieutenant de police épique, chantant avec toute la verve qu'on lui connaissait, les couplets « de l'œil » :

> Je mets tout mon orgueil
> Dans mon œil!

ou bien racontant, au 3ᵉ acte, sa présentation au roi :

> Il s'est pâmé,
> Louis le Bien-Aimé!

L'excellente Desclauzas, qui vient de mourir dernièrement, et dont le nom restera comme type d'un emploi dans les tableaux de troupe en province, jouait une créole qui s'imaginait avoir été mise à mal par Mandrin pendant un évanouissement. Il fallait l'entendre à son entrée s'annoncer elle-même : « Dona Juana de Rio-Négro, de

Saint-Domingue.... Antilles! » Ce mot : Antilles était, dans sa bouche, du plus haut comique. Il fallait surtout entendre à la fin son : « Ah! » désappointé, quand elle apprenait que l'attentat dont elle s'était crue victime n'était qu'un rêve.

Mily Meyer, qui venait de débuter si brillamment dans la petite duchesse de Parthenay, faisait sa seconde apparition dans le rôle d'une ingénue drôlement délurée, qui n'hésitait pas à venir chercher son fiancé jusque dans les coulisses de l'Opéra. La façon dont elle se dressait, comme un petit coq rageur, pour dire son fait à l'étoile de la danse, était vraiment des plus amusantes.

Parmi les « petites femmes », il y en avait deux, alors en vogue, Piccolo et Léa d'Asco, jolies à croquer dans le couple de brigands travestis chantant au second acte la ronde à succès :

> Ils sont trente ou quarante
> Dans la bande à Mandrin!

Enfin, la Camargo, c'était Zulma Bouffar, une des interprètes favorites d'Offenbach qui, l'ayant découverte à Liège, lui avait fait créer, à Ems d'abord, et ensuite aux Bouffes, *Lischen et Fritzchen*, où sa réputation avait commencé. Puis étaient venues, *les Géorgiennes*, la gantière et la veuve du colonel de *la Vie Parisienne*, *le Château* à *Toto*, *Geneviève de Brabant*, Fragoletto, des *Brigands*, Robin Luron, du *Roi Carotte*, le prince Caprice, du *Voyage dans la lune*, rôles qu'elle avait tous marqués de son talent si personnel. Sa voix agile n'avait pas sa pareille pour se jouer de toutes les difficultés des morceaux les plus syllabiques. Avec une artiste de cette trempe, nous pouvions être tranquilles. Ses couplets d'entrée se fredonnaient déjà à la sortie du premier acte et, au second, elle dut chanter trois fois ceux de la danseuse aux brigands qui viennent de l'enlever :

> Je suis danseuse à l'Opéra :
> Il ne faut donc pas vous attendre
> A trouver grand'chose à me prendre !

qu'elle disait avec tant d'esprit et de malice. Puis, venait le rondeau du ballet, qu'elle mimait et dansait devant Mandrin avec un brio qu'aurait pu envier une professionnelle. Enfin, au 3ᵉ acte, déguisée en vielleuse, elle lançait si crânement sa chanson savoyarde :

> Eh! youp! Eh! youp! Javotte,
> Fais sauter ta marmotte!

que, malgré l'heure tardive, on ne se lassait pas de la lui redemander.

※

Mais je ne puis écrire le nom de Zulma Bouffar sans dire, en passant, un mot de son perroquet, qui a survécu à sa maîtresse et qui nous survivra probablement à tous, donnant ainsi un témoignage authentique et précieux de la longévité proverbiale de ces oiseaux.

Donc, Zulma avait depuis longtemps un perroquet, qui parlait et chantait à merveille et auquel elle s'était plu à composer un répertoire aussi varié que choisi. Avant la mise à l'étude de notre pièce, comme elle devait faire une absence assez longue, elle eut la malheureuse idée de le mettre en pension chez Lecocq.

Celui-ci, par taquinerie, en profita pour apprendre à ce nouveau Ver-vert certaines expressions dignes d'un corps de garde, si bien qu'à son retour, l'actrice ne voulut plus chez elle d'un volatile aussi mal embecqué. C'était tout ce qu'attendait le malin compositeur.

Du reste, Jacquot ne tarda pas à oublier les vilaines choses qu'on lui avait enseignées et à reprendre le ton de la bonne compagnie. Maintenant, il ne parle plus guère, mais il a toujours bonne patte et bon œil et, au moment des repas, il ne manque pas de réclamer sa part, quand il aperçoit sur la table quelque chose à sa convenance, un gâteau ou un grain de raisin, ou surtout un os de volaille, qu'il déguste gravement, avec des grognements de satisfaction. Très attaché à son patron, il réserve néanmoins ses meilleures amitiés pour son valet de chambre, Louis, avec lequel il s'entend le mieux du monde.

Comme il avait au moins une vingtaine d'années lorsque je l'ai connu, j'en conclus qu'il doit avoir atteint, s'il ne l'a dépassé, l'âge déjà respectable de cinquante-cinq ans — pardon! de onze lustres, car il convient de compter par lustres, puisqu'il s'agit d'un perroquet de théâtre.

.

Encore un souvenir — celui-ci gastronomique :

Au troisième acte, la Camargo, ses amis et amies, faisaient la partie de venir chez Ramponneau, manger une soupe aux choux. Koning tenant à ce que tout fût irréprochable dans la mise en scène, c'était une vraie soupe aux choux que l'on apportait toute fumante sur la table et qui était fournie par le limonadier du théâtre. Celui-ci avait tout intérêt à l'entourer de soins, car le parfum qui se répandait jusque dans la salle faisait venir l'eau à la bouche de plus d'un spectateur et il était de mode, à la fin du spectacle, d'aller au petit café de la rue de Bondy déguster « la soupe aux choux à la Camargo. »

Mais ce n'était pas seulement dans le public qu'elle avait des amateurs. Parmi les artistes chargés des rôles accessoires, il en était un, un pauvre diable qui n'avait pas toujours de quoi manger — peut-être aussi parce qu'il avait trop souvent de quoi boire. Pour lui, cette scène fut une bonne fortune envoyée par la Providence. Il l'attendait avec impatience et, pendant cent vingt soirées de suite, il se vit ainsi assuré de ne point s'en aller se coucher le ventre creux.

Il y avait plus d'un an qu'il avait quitté le théâtre quand on annonça la première reprise et nous le vîmes revenir demander sa place au festin, comme un droit acquis ; nous lui avions même promis en riant de faire à son intention un *Enfant prodigue* à la fin duquel on mangerait le veau gras. Et il s'en réjouissait d'avance. Hélas ! Quand on rejouera la pièce, il ne sera plus là pour

Vivre de bonne soupe !

13 octobre 1912.

XVI

William Busnach.

Vaudevilliste et amateur de bibelots. — Une direction mouvementée. — La fin d'une journée d'échéance. — Louis XVI en acajou. — William Busnach et la conquête de l'Algérie. — Une ménagerie en chambre. — Sur une échelle. — *Volapuk-Revue*. — Le chanteur Paulus. — Comme Talma et Napoléon. — Une dédicace lapidaire. — *Ali-Baba* à Bruxelles. — La grève et l'orateur improvisé. — *Franc-Chignon* et *l'OEuf Rouge*. — Une panique évitée. — Triste fin. — Une devise guerrière. — Quatrain gaulois.

Busnach, lorsque je l'ai connu, occupait au cinquième étage d'une des premières maisons de la Chaussée d'Antin — au numéro 14, si je ne me trompe — un petit appartement assez coquet, tout encombré déjà de vieux bahuts et de menus bibelots achetés au hasard et sans grand discernement, mais avec une conviction qui suffisait à son bonheur.

Vaudevilliste infatigable et faiseur de revues des plus féconds, il avait eu sa première pièce, *les Virtuoses du pavé*, jouée en 1864, au petit théâtre des Folies-Marigny, sous la direction de l'acteur Montrouge. Puis avaient suivi, aux Bouffes, *C'est pour ce soir!* et *les Petits du premier*, et, aux Folies-Dramatiques, *les Gammes d'Oscar*, qui avaient beaucoup réussi et l'avaient mis en évidence; mais son principal titre de gloire était une revue, *Ru... qui s'avance*, dont le succès s'était prolongé au delà de trois cents représentations.

A ce moment, il s'était assez malencontreusement avisé d'avoir un théâtre à lui et s'était associé avec Sari pour ouvrir cette salle souterraine de l'Athénée, dont j'ai conté l'histoire. Les commencements avaient été durs et l'insuccès de la pièce d'inauguration, *Malborough s'en va-t-en guerre*, avait failli faire sombrer du coup les deux directeurs, plus riches d'espoir que d'argent comptant. J'entends encore Sari, après une journée de fin de mois passée à ne pas payer les créanciers qui assiégeaient la caisse, s'écrier en frappant sur l'épaule de son associé effondré :

— Hein? C'est beau, la lutte!

Par bonheur, *l'Amour et son carquois* et surtout *Fleur de thé* n'avaient pas tardé à rétablir les affaires, et, pendant deux ans, Busnach put jouer au directeur sans trop de dommage. Tout jeune débutant, j'étais allé lui porter le livret d'un *Petit Poucet* auquel il avait fait bon accueil, et c'est de là que datent des relations qui devaient aboutir plus tard à une collaboration assez suivie, dont il me reste même deux ou trois scénarios destinés à ne jamais voir le jour.

**

Il avait, à cette époque, trente-quatre ou trente-cinq ans et c'était un être jovial, toujours en mouvement, à tu et à toi avec tout Paris. Un peu bedonnant, le teint animé, il avait un nez qui lui donnait quelque chose de vaguement bourbonien ; aussi l'actrice bouffe Lasseny, qui ne manquait ni de bagout ni d'esprit gavroche, disait-elle drôlement de lui :

— C'est un Louis XVI en acajou !

**

Le nom de Busnach — qui s'en doute aujourd'hui ? — se trouve mêlé assez directement à la conquête de l'Algérie. C'est, en effet, à cause de son grand-père que la guerre fut déclarée. Ce grand-père, Michel Busnach, avait fondé à Alger, avec un nommé Bacri, une maison de banque et de commerce et se trouvait créancier du gouvernement français pour d'importantes fournitures, faites de 1793 à 1798 et dont le compte, resté en souffrance, avait fini par être arrêté à la somme de sept millions. Arrêté, seulement, car en 1821, aucun paiement n'avait encore été obtenu, et le dey, qui se trouvait pour une forte part intéressé dans l'affaire, se montrait fort irrité de tous ces retards. D'où le mouvement de vivacité, le fameux coup d'éventail à la suite duquel l'expédition fut décidée. En me racontant cela, Busnach ajoutait avec un soupir :

— Si on voulait seulement me payer les intérêts arriérés, je renoncerais bien volontiers au capital.

On peut le croire sans peine.

**
* **

Après la fin de sa direction, je l'avais à peu près perdu de vue pendant plusieurs années. De loin en loin, je le rencontrais dans un théâtre ou sur le boulevard, nous échangions quelques paroles, puis il repartait, toujours pressé et s'occupant de mille affaires à la fois. Il était, d'ailleurs, dans tout le coup de feu de ses adaptations à la scène des romans de Zola, *l'Assommoir*, *Nana*, *Pot-Bouille*, *Germinal*, *le Ventre de Paris*, sans compter les revues, les à-propos et les vaudevilles qu'il ne cessait de produire avec une activité dévorante. Moi, de mon côté, je travaillais uniquement avec mon ami Eugène Leterrier et me trouvais, par suite, éloigné de toute combinaison étrangère.

Quelques mois après que cette fidèle collaboration eût été prématurément rompue par la mort, je recevais de Busnach un mot me priant de venir causer avec lui, dans cet appartement du boulevard Clichy qu'il habita jusqu'au dernier jour, entouré d'une véritable ménagerie de chiens, d'oiseaux et de perroquets. Ces animaux mettaient tout au pillage, rongeaient les pieds des meubles — parfois aussi ceux des visiteurs — et avaient tellement déchiqueté les boiseries sous l'œil indulgent de leur maître, qu'il ne songeait pas sans effroi au jour où il lui faudrait rendre compte de tous ces dégâts au propriétaire. Ce jour-là, il ne l'a pas vu venir.

En arrivant, je le trouvai dans le grand salon, encore plus encombré qu'autrefois, dont il avait fait son bureau. En bras de chemise et en pantalon de flanelle, il était juché sur un haut marchepied, s'évertuant à planter un gros clou, pour accrocher un tableau à la place d'un autre : c'était chez lui une manie de modifier à tout instant la disposition des choses. Il appelait cela « changer le décor ». Toujours clouant, suant et tapant, il m'expliqua pourquoi il m'avait écrit :

— Mon cher, Blandin me demande pour cet hiver la revue des Menus-Plaisirs, mais je suis tellement pris que je ne pourrais m'en charger tout seul. Voulez-vous en être ?

J'en fus donc. Cela se passait vers le milieu de juin et la revue n'était que pour la seconde quinzaine de décembre, mais il n'en fallait pas moins s'y mettre immédiatement, car il y avait tout un travail préparatoire, consistant à choisir les événements qui seraient encore d'actualité quelques mois plus tard, à noter au fur et à mesure ceux qui pouvaient fournir une scène ou un couplet, à chercher au café-concert les airs les plus nouveaux, et, enfin, à établir un scénario assez élastique pour se modifier suivant les besoins. Toutes choses qui exigeaient par semaine au moins deux ou trois rendez-vous, que les vacances même ne pouvaient interrompre tout à fait. A ce point que Busnach, qui n'admettait en général d'autre déplacement que celui de Monte-Carlo — à cause de la roulette — prit sur lui de venir me rejoindre au mois d'août, à Trouville, pour établir le plan définitif des différents tableaux.

⁂

Restait le titre : toute revue qui se respecte doit rappeler par son titre le fait le plus saillant, la locution à la mode ou la scie de l'année. On ne parlait à ce moment-là que du volapuk, aujourd'hui détrôné par l'espéranto. *Volapuk-revue* se trouvait donc tout indiqué.

Après le titre, le compère était une autre chose importante; Blandin, qui selon la formule, « ne reculait devant aucun sacrifice », avait eu l'idée d'engager le chanteur populaire Paulus, ce qui me procura l'occasion de voir de près l'homme à qui nous devions *Derrière l'Omnibus, la Chaussée Clignancourt, Trois, rue du Paon*, et, surtout, l'inoubliable *En revenant de la revue*.

Il était d'une vanité à la fois simple et grandiose, le chanteur populaire. A une des premières répétitions, je l'avais appelé « monsieur Paulus ». Il m'arrêta d'un geste impérial :

— Je vous en prie, mon cher auteur, pas de « monsieur » avec moi. Ça me désobligerait. Il me semble que je suis assez célèbre pour qu'on dise Paulus tout court, comme on disait Talma ou Napoléon!

Je retrouve une photographie de lui avec cette dédicace lapidaire : « A l'auteur Vanloo, le chanteur Vulgo ». Certes, ce n'est pas lui qui aurait trouvé exagérée l'idée qu'avaient eue quelques-uns de ses camarades de lui élever une statue sur une des places de Paris : après tout, Napoléon y a bien une colonne !

Excellent homme, au demeurant, et qui apportait à l'étude de son rôle beaucoup de bon vouloir et de belle humeur.

Tout en nous occupant de la revue, nous avions entrepris un livret d'opéra-bouffe à grand spectacle, en sept ou huit tableaux, avec ballets, *Ali-Baba*, dont Lecocq écrivait la musique et que nous destinions à la Gaîté. Mais, quand la pièce fut terminée et que nous en parlâmes à Debruyère, il ne voulut rien savoir. Il ne jurait alors que par Audran et Planquette et, de plus, il avait, je crois bien, une vieille dent contre Busnach, à la suite d'une boutade un peu cuisante, qui datait déjà de loin, mais qu'il n'avait pas digérée.

Le théâtre de l'Alhambra de Bruxelles, vacant depuis longtemps, venait justement de passer aux mains d'un directeur entreprenant, Oppenheim, le mari de la chanteuse d'opérette Howey, qui avait eu son heure de célébrité au Palais-Royal et aux Variétés. Oppenheim nous proposait de nous monter immédiatement avec tout le luxe nécessaire, et *Ali-Baba*, comme tant de succès devenus plus tard parisiens, dut se contenter de faire sa première apparition dans la capitale de la Belgique. Les principaux rôles avaient été donnés à Mmes Simon-Girard et Duparc. Du côté des hommes, Simon-Max, Mesmaeker, Chalmin, Larbaudière et le baryton Dechesne, sans compter que les danses étaient réglées par Mariquita. De façon que, si la Gaîté n'avait pas voulu de nous à Paris, nous avions, nous, fait venir la Gaîté à Bruxelles.

La première représentation fut triomphale, mais, à la seconde, les choses faillirent tourner mal. Suivant l'usage, nous avions signé un bon de gratification pour les machinistes et les petits employés du théâtre. D'ordinaire, la répartition se fait le plus simplement du monde et sans la moindre difficulté. Cette fois, il arriva que les choristes hommes se mirent dans la tête qu'ils auraient dû être compris dans le partage et s'entendirent pour refuser de paraître en scène. C'était la grève, et ils comptaient bien rendre la représentation impossible. Mais comment faire évacuer sans désordre et sans protestations une salle archi-bondée? Oppenheim résolut de jouer quand même. On fit habiller à la hâte et tant bien que mal tout ce qu'on avait sous la main de comparses et de gens de bonne volonté, pendant que, de la coulisse, tous les artistes qui n'étaient pas de la pièce, voire même des machinistes mélomanes — tout le monde l'est plus ou moins, dans ce pays — chantaient la musique, qui était heureusement, au cours des répétitions, entrée dans toutes les oreilles. Le chef d'orchestre lui-même, de son pupitre, faisait sa partie dans les ensembles, et le spectacle put ainsi arriver à sa fin sans que le désarroi fût par trop lamentable.

D'ailleurs, le public, mis au courant pendant un entr'acte, s'y prêtait de la meilleure grâce. Pendant ce temps, les choristes s'étaient réunis dans quelques cafés derrière le théâtre, assez déconfits de l'insuccès de leur conjuration. Un speech bon enfant de Busnach acheva de les ramener à la raison :

— Voyons, mes enfants, leur dit-il, cette gratification est pour des machinistes et des employés. Vous êtes, vous, des artistes : où prenez-vous qu'on donne un pourboire à des artistes?

Ces simples mots, qui les flattaient dans leur amour-propre, firent merveille et, dès le lendemain, ils étaient tous à leur poste. Busnach avait prouvé, au moins une fois, qu'il aurait su « parler au peuple ».

Ali-Baba se joua cent vingt-deux fois de suite avec les recettes les plus brillantes et, quelque temps après, les Galeries Saint-Hubert en firent une reprise qui donna encore dans les quatre-vingts représentations. Depuis, il n'a cessé de se maintenir au répertoire des théâtres importants de province. Il n'y a que Paris qui continue à l'ignorer, mais il semble bien en avoir pris son parti — tout comme moi.

Je glisserai sur une parodie de *Francillon* improvisée en quelques jours pour un spectacle coupé du Palais-Royal et dont le titre était : « *Franc Chignon*, parodie en trois nattes ». Je me souviens seulement que Daubray, Calvin et Alice Lavigne y étaient aussi amusants que possible.

Un peu plus tard, ce fut le tour d'une opérette aux Folies-Dramatiques, l'*Œuf Rouge*, avec une partition fort réussie d'Audran. En tête de la distribution, Gobin, Guyon fils et Augustine Leriche formaient un trio comique incomparable; malheureusement, le baryton, sur lequel reposait presque toute l'action, ne savait que se montrer assez bon chanteur dans un rôle qui aurait exigé surtout de la gaieté et de la fantaisie : le succès de la pièce en fut diminué.

Encore une seconde représentation qui se trouva troublée par un incident imprévu. Mais celui-là aurait pu avoir des conséquences graves : Il y avait une bonne demi-heure que l'on avait commencé le premier acte, lorsque la scène et la salle se trouvèrent peu à peu envahies par une fumée âcre et épaisse. C'étaient tout simplement des chiffons servant au nettoyage et imprégnés d'huile, qui avaient brûlé dans une courette derrière le théâtre. Le public, qui n'était pas encore remis de l'impression toute récente d'un incendie tragique, avait tôt fait de s'inquiéter. Déjà on commençait à s'agiter et Aurélien Scholl, placé à l'orchestre, se leva pour demander des explications. Le directeur — qui était alors Henri Micheau — se présenta sur la scène et s'avança pour parler, mais son apparition, au lieu de rassurer les peureux, semblait accentuer le mouvement; on sentait qu'il y allait avoir une panique. Micheau eut une inspiration : au lieu d'essayer de prendre la parole, il saisit une chaise et s'assit, les bras croisés, devant le trou du souffleur, tandis que les artistes se rangeaient autour de lui dans une attitude des plus calmes. Il n'en fallut pas davantage : tous les spectateurs reprirent tranquillement leur place pour attendre l'explication demandée. Après quoi la représentation continua. Tout de même, ce pseudo-feu avait jeté un froid et ils furent nombreux, ce soir-là, les gens qui racontaient « qu'ils avaient déjà failli se trouver à l'Opéra-Comique ».

*
* *

Tous ceux qui ont approché Busnach se rappellent ses façons de s'exprimer assez éloignées du plus pur marivaudage. Il se plaisait à employer des mots encore plus gros que sa personne et s'était même fait graver, pour écrire à quelques camarades, un cachet où, en une lettre et quelques points, il évoquait le souvenir héroïque du général Cambronne. C'était surtout par affectation et pour se donner un genre — un mauvais — et je l'ai vu, en certaines circonstances, faire preuve de la politesse la plus raffinée. Pourtant, je dois reconnaître que cela le dérangeait quelque peu dans ses habitudes. Ce qui ne l'empêchait pas d'avoir beaucoup d'esprit et même, à l'occasion, du plus fin.

Ce bon et joyeux garçon était, dans ses derniers temps, devenu neurasthénique et avait peu à peu fermé sa porte à tous les visiteurs. Aussi, le jour de son incinération au Père-Lachaise, nous ne nous trouvions que peu d'amis réunis autour du monument funéraire, pendant que s'en allait en fumée toute cette jovialité à jamais disparue.

Mais je garderai longtemps le souvenir des moments de travail et de camaraderie que nous avons passés ensemble, aussi bien que de ses saillies, parfois pimentées, mais toujours divertissantes, et, pour finir, je citerai quelques vers de lui que l'on trouvera peut-être un peu « shoking », mais, avec Busnach, il faut passer sur bien des choses :

Écrivant un jour à Lecocq pour le presser de terminer la partition d'une pièce de lui, *Kosiki*, il alléguait son grand besoin d'argent — le jeu lui en dévorait tellement! et terminait par ce quatrain, où il se retrouve tout entier :

> J'ai dû vendre à des juifs avides
> Mes objets d'art, mes bibelots,
> Et je n'ai plus que mes émaux :
> Mais ce sont mes émaux... roïdes!

Espérons que cela lui a été pardonné là-haut!

4 janvier 1913.

XVII

A propos d'Emmanuel Chabrier.

Trente-quatre ans après. — Première entrevue avec Chabrier. — Une nature vibrante. — Le futur auteur de *Gwendoline* au piano. — Orages et pâmoison. — *L'Étoile* aux Bouffes-Parisiens. — L'orchestre en émoi. — *Une Éducation manquée.* — Représentation au Cercle international. — Des auteurs fort occupés. — La pluie et le tonnerre. — Un fils dans le train.

Pour faire partie de son deuxième spectacle de musique, le très artiste directeur du théâtre des Arts, M. Jacques Rouché, a eu l'idée de reprendre une opérette oubliée d'Emmanuel Chabrier, *Une Éducation manquée.*

Quand je dis de reprendre, le terme n'est pas exact, car c'était bel et bien d'une véritable première qu'il s'agissait. la pièce n'ayant encore été donnée qu'une seule fois — et au piano —

dans une soirée privée d'un cercle parisien, le 1ᵉʳ mai 1870, il y aura bientôt trente-quatre ans. Attendre pendant trente-quatre ans une première représentation, cela peut passer pour un record et c'est une preuve de plus de la malechance qui a toujours poursuivi le remarquable auteur de *Gwendoline*, et qui n'a cessé que lorsqu'il était déjà trop tard. S'il avait pu se produire à temps et aussi facilement qu'il l'aurait voulu, qui sait ce qu'il nous aurait laissé d'œuvres précieuses, dont le découragement finit peu à peu par tarir la source qui s'annonçait si riche et si abondante?

***

En écoutant l'autre jour cette musique alerte et d'une verve tout à fait personnelle, interprétée de façon parfaite par Mᵐᵉˢ Rachel Launay et Coulomb et par le baryton Bourgeois, je ne pouvais m'empêcher d'évoquer le souvenir du bon Chabrier de jadis, tel qu'il m'apparut pour la première fois chez un ami commun, le peintre Gaston Hirsch.

C'était en 1875. Depuis longtemps, Hirsch nous manifestait, à Leterrier et à moi, le désir de nous faire connaître un jeune musicien assez répandu dans le monde des ateliers et avec lequel il s'était lié chez Manet.

— Vous verrez, nous disait-il, c'est une nature pas banale et je suis sûr qu'il vous intéressera.

La présentation finit par avoir lieu. Au jour fixé, nous vîmes arriver un garçon trapu, râblé, un vrai gars d'Auvergne, le front large et puissant, de gros yeux pleins de vie, une physionomie des plus mobiles et, dans toute sa personne, une rondeur joyeuse qui vous prenait du premier coup. Sa position sociale était d'être employé au Ministère de l'Intérieur, mais on devinait sans peine qu'il devait étouffer au milieu des paperasseries du bureau et que, seul, le démon de la musique le tenait de la tête aux pieds. Une fois au piano, il se grisait, s'emballait, se démenait avec une fougue bouillante, se plaisant à faire jaillir sous ses doigts les sonorités les plus abracadabrantes, au risque même de martyriser le fragile instrument qui n'en pouvait mais et semblait demander grâce. A ce moment-là, c'était bien l'homme né pour écrire quelque *Gargantua* énorme et outrancier. Puis, soudain, l'orage se calmait; ce n'était plus qu'un murmure, un souffle, un soupir; le possédé de tout à l'heure se pâmait avec délices dans les douceurs infinies d'une mélodie langoureuse — pour se replonger bientôt après dans l'ivresse du bruit et des rythmes fous.

✦✦✦

Cette audition avait suffi à nous prouver que Hirsch ne nous avait pas trompés et que nous nous trouvions en présence de « quelqu'un ». Séance tenante, il fut décidé que nous allions lui fournir le livret qu'il avait jusqu'alors inutilement cherché.

Parmi les morceaux qu'il nous avait fait entendre, composés un peu au hasard, sur des paroles qu'il avait pu se procurer de ci ou de là, il y en avait deux qui nous avaient plus particulièrement frappés : d'abord un refrain exquis de romance : « O petite étoile » et, ensuite, un chœur sur le supplice du pal, d'un développement un peu exagéré et dont le texte était par trop libre, mais fort amusant.

Tout justement le scénario de l'opéra-bouffe que nous terminions en ce moment se déroulait dans un Orient de fantaisie et avait pour titre *l'Étoile*. Les deux morceaux étaient donc désignés pour y trouver leur place; la romance, en y ajoutant un corps de couplet et le chœur, dont on ne conserverait que le motif caractéristique.

Le premier acte, aussitôt terminé, fut donné à Chabrier qui se mit au travail avec un entrain et une rapidité remarquables, car il écrivait très vite et avec une rare fertilité d'invention. Son défaut était, lorsqu'il avait terminé un numéro, de vouloir y revenir inlassablement pour le revoir, le modifier et, au besoin, le compliquer. Sans cesse, nous étions obligés de lui faire la guerre à ce propos, mais, collaborateur très facile, il consentait de la meilleure grâce à tout ce que nous lui demandions.

— Au fait, nous disait-il, vous savez mieux que moi ce qu'il « leur » faut !

*
* *

La pièce terminée, il restait à lui trouver un débouché et ce n'était pas chose commode, à cette époque, de faire accepter trois actes d'un musicien tout à fait inconnu. Nous eûmes pourtant la chance d'y arriver assez vite. Les Bouffes-Parisiens avaient alors pour directeur Charles Comte, le gendre d'Offenbach. Après lui avoir communiqué le livret, qui ne lui déplaisait pas, nous le décidâmes à écouter la musique. Chabrier la lui fit entendre avec toute sa virtuosité de pianiste et sa mauvaise voix de compositeur, contre laquelle il pestait lui-même et qui, dans les notes élevées, voisinait d'assez près avec le miaulement du chat ou le galoubet du canard, sans pourtant l'empêcher — telle était l'intensité d'action qu'il y apportait — d'en donner une idée très nette. Qui ne l'a pas entendu jouer et chanter *España* n'a rien entendu !

Comte fut tout d'abord effaré : cela le changeait tellement des musiques auxquelles il était accoutumé ! Mais justement à cause de cela — un peu aussi parce qu'il n'avait pas d'autre pièce en perspective — il se décida à tenter la partie. Et puis la belle humeur du compositeur l'avait gagné à sa cause.

Il fut convenu que *l'Etoile* passerait au début de la saison 1877-1878 et, dès le mois d'octobre, les études commencèrent avec Daubray, Jolly et Jannin dans les rôles d'hommes et, pour la partie féminine, Paola Marié, Berthe Stuart et Luce, la fille de l'auteur dramatique Couturier et de la tragédienne Cornélie. Ces études se passèrent le plus tranquillement du monde, les artistes s'amusant de leurs rôles, Paola Marié surtout, qui était ravie de faire sonner ses belles notes graves, que Chabrier s'était plu à mettre en valeur.

Mais quand arriva le jour où il fallut répéter à l'orchestre, il faillit y avoir une révolution au théâtre. Les musiciens, habitués aux accompagnements plutôt simplets en usage dans l'opérette et qui ne demandaient guère que cinq ou six répétitions, eurent un mouvement d'horreur en trouvant les parties étalées sur leurs pupitres.

Des couplets dont le second n'était pas accompagné de la même façon que le premier, songez donc! Et puis, à chaque instant des accidents, des nuances, des mouvements différents! Ils n'étaient pas aux Bouffes pour exécuter du Wagner! Le malheureux Chabrier n'en revenait pas :

— J'ai pourtant fait aussi simple que possible! gémissait-il, tout abasourdi.

Comte dut intervenir :

— Allons! Allons! Ne perdons pas la tête et travaillons! La pièce doit passer et je vous garantis qu'elle passera. Si, au lieu de six répétitions, il vous en faut douze, ou même quinze, vous les aurez, mais je ne veux pas qu'on dise que l'orchestre des Bouffes n'a pas été capable de venir à bout d'une partition, quelle qu'elle soit!

Les temps ont bien changé et les orchestres d'aujourd'hui se jouent de bien d'autres difficultés. Seulement l'*Etoile* avait le tort de venir trop tôt et l'on s'en aperçut bien à la première, où le public se montra un peu dérouté de ne pas entendre ses motifs familiers ou, tout au moins, de ne pas les entendre présentés comme il en avait l'habitude.

La pièce réussit cependant et certains morceaux enlevèrent la salle, mais sans que le succès fût décisif autant qu'il l'aurait été quelques années plus tard. D'ailleurs, les Bouffes traversaient alors une période critique où les pièces ne parvenaient guère à se maintenir sur l'affiche plus d'une soixantaine de fois et je suis bien certain que, si Comte, fatigué, n'avait pas abandonné peu après sa direction, il aurait fort galamment renouvelé une expérience qui, cette fois, aurait été tout à fait favorable.

Malheureusement, les autres directeurs ne s'empressaient pas de faire accueil à un compositeur qui n'avait pas amené la foule dès son premier ouvrage et dont la musique « difficile » était bonne pour l'Opéra ou l'Opéra-Comique.

C'est ainsi que Chabrier renonça à l'opérette et consuma les plus belles années de sa vie à la recherche de poèmes d'opéras à mettre en musique et de théâtres pour les jouer.

Une fois pourtant, il revint au genre léger, en composant *Une Éducation manquée*. Il avait fait, je ne sais où, la connaissance du directeur, ou gérant, du « Cercle International » — qui dura peu et qui occupait, sur le boulevard des Capucines, les salons où s'établit plus tard le Cercle de la Presse.

— Mon cher ami, vint-il me dire un jour, j'ai

un service à vous demander. On m'offre de me jouer un petit acte dans une représentation organisée par un cercle. J'aurai les artistes que je désignerai et ce sera une occasion de me faire encore entendre. Je compte sur vous, n'est-ce pas ?

Une semaine plus tard, nous lui avions donné l'acte en question, dont la distribution devait être de premier ordre : tout d'abord, Morlet, qui venait de débuter brillamment à l'Opéra-Comique et que Carvalho avait consenti, non sans peine, à nous prêter ; ensuite Jane Hading, qui avait fait sa première apparition, à la Renaissance, dans une reprise de la *Petite Mariée* et pour laquelle nous étions en train d'écrire le rôle de la *Jolie Persane* ; enfin, une toute mignonne artiste, Mlle Réval, qui venait d'avoir, aux Folies-Dramatiques, un succès inattendu de tout le monde et surtout d'elle-même, en chantant au second acte d'une opérette de Lacome, le *Beau Nicolas*, des couplets que la salle entière lui avait redemandés par acclamation. Elle semblait, dès lors, destinée à devenir une étoile, puis elle disparut tout à coup. Souhaitons pour elle qu'elle ait rencontré le Prince Charmant.

Les répétitions se firent sur la scène de la Renaissance, mise à notre disposition par Koning qui s'était même engagé à nous fournir les costumes. Bref, tout fut pour le mieux et le soir de la représentation nous n'avions plus qu'à nous transporter avec nos artistes au boulevard des Capucines, où tout était préparé pour nous recevoir. J'ai conservé le programme de cette soirée que je transcris, à titre de curiosité. Il comprenait trois pièces inédites :

1° *Aux arrêts*, comédie en un acte, de MM. G. de Rieux et E. d'Au, jouée par M{ll}*e* Denise Damain et M. Scipion, du théâtre des Nouveautés ;

2° *Crispin battu*, comédie en un acte, en vers, de M. Louis Gallet, avec Mmes Hortense Damain et Volsy, de l'Odéon, et MM. Coquelin aîné, Coquelin cadet et Davrigny, de la Comédie-Française ;

3° *Une Éducation manquée*, avec les artistes que j'ai indiqués.

La représentation, donnée devant un public choisi, fut, paraît-il, fort brillante, mais nous ne pouvions guère nous en rendre compte par nous-mêmes, car nous étions bien trop occupés pour cela : Chabrier, au piano, remplaçait l'orchestre dont on n'avait pas fait les frais, tandis que Leterrier remplissait les fonctions de souffleur et que moi, chargé du rôle de régisseur, j'étais dans la coulisse à surveiller les entrées et les sorties et à m'évertuer de mon mieux à imiter le bruit de la pluie avec un journal roulé en tampon, que je frottais avec énergie contre la toile du décor; et le grondement du tonnerre, en frappant éperdument sur un plateau de métal emprunté à l'office.

Donc, elle fut très brillante, la représentation — mais sans le moindre lendemain. Peu de temps après, livret et partition paraissaient chez Enoch, demeuré toujours le fidèle éditeur et l'ami de Chabrier, depuis le jour où nous le lui avions amené avec *l'Étoile*. Ils y ont dormi pendant près de trente-quatre ans. Espérons que, cette fois, c'est le réveil pour tout de bon.

L'Éducation manquée ne fut pas l'unique création de Chabrier en cette année 1879. Profitant de trois ou quatre jours d'interruption dans nos répétitions, il était allé chercher sa femme, qui devait revenir à Paris pour ses couches. Un après-midi, il reparaît au théâtre, l'œil illuminé, le chapeau en arrière, une bouteille de champagne sous le bras et suivi d'un garçon qui portait des verres.

— Mes enfants! nous crie-t-il, nous allons boire à la santé de mon nouvel héritier.

— Comment ! Il est déjà venu?

— Ce matin même, en wagon! Ce gaillard-là n'a même pas eu la patience d'attendre l'arrivée à Paris !

Et emplissant joyeusement les verres :

— Hein? En voilà un qui n'aura pas d'excuse s'il n'est pas toujours dans le train.

Pauvre grand Chabrier !

24 janvier 1913.

XVIII

Victor Koning.

Génération spontanée. — Un petit journaliste. — Scène dans la cour de l'ancien Opéra. — Un mot d'Aurélien Scholl. — Le chapeau du secrétaire. — Nestor Roqueplan. — Son opinion sur le théâtre du Châtelet. — Victor Koning à la Gaîté. — *La Madone des Roses*. — L'envers d'un décor à sensation. — Retour au vaudeville. — La direction de la Renaissance. — Plus que le maximum! — Comment on lance un succès. — Le Gymnase et la Comédie-Parisienne. — Du tac au tac.

Il avait surgi sur le boulevard, sans que l'on sût au juste d'où il venait, ni comment : presque un cas de génération spontanée.

C'était alors un tout petit bonhomme grassouillet, aux yeux bridés, aux cheveux d'un noir brillant, séparés au milieu du front par une raie impeccable et toujours soigneusement frisés, avec, au-dessus de la lèvre supérieure, un imperceptible duvet, un rien, une fumée, qui, à son grand désespoir, n'en finissait pas de se transformer en moustache.

Doué d'un esprit naturel assez vif, il avait déjà réussi, vers l'âge de quinze ans à peine, à se faufiler dans la rédaction du *Diogène*, où de petits échos agressifs avaient attiré l'attention sur lui, en attendant qu'il se haussât jusqu'au *Figaro* et au *Nain Jaune* — ce qui devait l'amener bientôt après à être un des « leaders » du *Figaro-Programme* et à s'ouvrir ainsi les coulisses de presque tous les théâtres.

Par exemple, le métier n'allait pas sans quelques inconvénients et, plus d'une fois, il arriva que les gens qu'il avait piqués de ses coups d'aiguille regimbèrent contre cet audacieux petit journaliste, dont la taquinerie gamine ne reculait devant rien, pas même, au besoin, devant la pointe d'une épée. Je me rappelle même, à ce propos, une scène assez réjouissante qui eut lieu dans la cour de l'ancien Opéra — cette cour majestueuse qui s'ouvrait tout à l'entrée de la rue Drouot et s'étendait à peu près jusqu'à ce qui est devenu le prolongement de la rue Chauchat. Koning, sortant des bureaux de l'administration, situés tout au fond, sur la droite, est abordé par la plantureuse Suzanne Lagier, qui avait à se plaindre de lui. L'actrice, fort bonne fille, d'ailleurs, n'était pas endurante et, comme on dit, n'avait pas la langue dans sa poche. La main non plus, ainsi qu'elle le lui démontra — v'li! v'lan! — par une paire de gifles bien sonnantes. Au milieu des quelques personnes que cette « explication » avait attirées, Koning restait abasourdi, ne sachant quelle contenance tenir, quand Aurélien Scholl, qui passait, fit éclater tout le monde, en disant d'un ton de reproche indulgent à l'irascible Suzanne :

— Oh! la méchante, qui bat son petit!

•

Vers cette époque, il fut pendant un temps le secrétaire de Nestor Roqueplan, dont il m'a conté qu'il faisait le tourment par la forme de ses chapeaux. L'inventeur de la lorette avait, en effet, un amour de l'élégance qu'il poussait jusqu'au raffinement le plus intransigeant, et la moindre faute de goût le mettait hors de lui. Si bien qu'un jour, n'y tenant plus, il entraîna de force son jeune secrétaire chez son propre chapelier, pour lui choisir de sa main et lui payer de sa bourse, une coiffure dont le « style » n'offusquerait plus ses regards.

Personnage tout à fait curieux que Roqueplan, ce Parisien quintessencié, qui trouva le moyen de diriger successivement six théâtres, dont l'Opéra, l'Opéra-Comique et les Variétés — ce qui n'était pas une mince affaire — sans pour cela cesser un seul instant de prodiguer, dans les journaux et dans les livres, un esprit et un talent qu'il dépensait sans compter, comme son argent. C'est lui qui affirmait gaiement que son rêve — du reste amplement réalisé — était de mourir insolvable. Et, vers la fin de sa vie, lorsqu'il prit la direction du Châtelet :

— Quel merveilleux théâtre! disait-il. Une situation unique; juste en face du tribunal de commerce : il n'y a qu'un pont à passer pour y porter son bilan. Et, au retour, la Seine est là, pour le dernier plongeon.

La mort vint à temps pour lui éviter de passer le pont et il disparut au commencement de 1870, au moment même où allait aussi disparaître cette société brillante, dans laquelle il avait si longtemps tenu les premiers rôles!

Comme son ancien patron, Koning avait voulu être directeur, et, en 1869, il avait pris la Gaîté. C'est de là que datent mes premiers rapports avec lui. Un soir, je me trouvais à flâner avec Eugène

Tarbé, le frère du fondateur du *Gaulois*. Ce grand et solide garçon, qui respirait la santé et la joie de vivre et qui devait pourtant s'en aller en pleine jeunesse, était à ce moment chargé en partie de la critique musicale au *Figaro*, et, par plaisir, quand ce n'était pas par métier, il passait toutes ses soirées dans les théâtres. Il me dit :

— On a donné hier à la Gaîté un drame de Victor Séjour, *la Madone des roses,* où il y a un décor d'incendie tout à fait saisissant, que je veux voir de près. Venez donc avec moi.

Sur la scène des Arts-et-Métiers, nous fûmes reçus par le jeune directeur, qui jouait déjà son va-tout avec cette pièce, dont le principal rôle, il m'en souvient, était tenu par Adèle Page, une actrice toujours vantée au boulevard pour sa beauté, encore qu'elle eût passé la cinquantaine. Malgré son état de nervosité assez explicable, il nous fit le plus aimablement du monde les honneurs de son « clou » dont il était fier et sur lequel il comptait pour remettre ses affaires. Le décor était véritablement curieux à voir des coulisses — peut-être même plus que de la salle — et j'en ai conservé l'impression la plus nette.

Sur la toile de fond, était peint l'intérieur d'un immense palais tout en flammes; un peu en avant, des « fermes » représentaient des colonnes, des planchers, des escaliers, tordus, calcinés, effondrés, tandis qu'à l'avant-scène se trouvait, seul en vue du public, un salon que l'incendie n'avait pas encore atteint et où se jouait la dernière scène de l'acte. Les murs de ce salon étaient tout en bois découpé à la façon d'un jeu de patience — d'un *puzzle*, pour parler suivant la mode — et se composaient d'une centaine au moins de silhouettes différentes, tenues rapprochées par de longues tringles de fer passées dans des anneaux. Il ne fallait pas moins d'une heure pour le mettre en état avant chaque représentation. Au moment voulu, du cintre on retirait successivement les tringles et tout s'écroulait avec fracas, démasquant par une brèche énorme le fond du théâtre, pendant que, derrière les châssis, les machinistes allumaient des feux de Bengale, et, à l'aide de grands soufflets, envoyaient, sur des réchauds disposés de place en place, la poudre de lycopode dont on se servait alors pour imiter les flammes, qui s'élevaient en tourbillonnant.

Cet écroulement, cet effet d'embrasement final, était merveilleusement combiné et de la plus grande ingéniosité. Malheureusement, il ne devait pas suffire à faire accepter par le public un « mélo » assez ordinaire qui n'était pas de force à se soutenir de lui-même.

— Ce n'est pas ce bel incendie-là qui fera

beaucoup de braise! disait méchamment un artiste dont les appointements étaient en retard.

Peu après, Koning était forcé d'abandonner sa direction. Mais il ne devait pas en rester là. Avec une activité que rien ne rebutait, il se remettait bien vite en campagne et entamait avec Clairville et Siraudin une collaboration des plus suivies, leur dénichant chaque jour quelque nouvelle affaire : aux Variétés, la *Revue en ville* et la *Revue n'est pas au Coin du Quai*; aux Menus-Plaisirs, *la Cocotte aux Œufs d'or* et *la Reine Carotte*, avec Thérésa; sans compter un gros drame à l'Ambigu : *Canaille et Cie*, pour arriver enfin à la plus belle de toutes ces affaires, *la Fille de Madame Angot*, dont les résultats dorés devaient lui permettre de prendre la succession d'Hostein à la Renaissance.

Les sept années qu'il passa à la tête de ce théâtre, où il débutait avec le grand succès de *la Petite Mariée*, furent des plus brillantes. Il faut reconnaître aussi que, s'il eut de la chance, il savait en profiter et faire ce qu'il fallait pour l'attirer et la retenir. Nul ne s'entendait comme lui à la réclame ingénieuse et productive et les notes journalières dont il inondait les feuilles étaient souvent de vraies trouvailles. Son « plus que le maximum » est resté au répertoire et le titre de « jeune et intelligent directeur » qu'il s'était décerné à lui-même est devenu un cliché assez courant. Une de ses meilleures imaginations fut celle-ci : le lendemain de la *Petite Mariée*, comme nous déjeunions ensemble, il me dit :

— J'arrive du théâtre. On vient bien pour louer, mais mollement, et puis seulement pour ce soir. La pièce ne se lancera que si nous avons beaucoup de location pour les jours suivants. Alors j'ai donné ordre à la buraliste de répondre qu'il n'y a plus rien. Cela forcera les gens à se rabattre sur les autres représentations, et, quand le bruit se répandra qu'il faut s'y prendre à l'avance, vous verrez la foule.

En effet, vers trois heures de l'après-midi, les feuilles commençaient à se couvrir pour toute la semaine à venir.

— Et les places que vous avez fait refuser? lui demandai-je.

— Soyez tranquille, le contrôle les vendra ce soir aux retardataires au prix de location et nous jouerons à bureaux fermés.

Le soir, la salle était archi-comble et la pièce partie pour les grosses recettes.

※

Cette période heureuse devait se continuer longtemps encore avec *la Marjolaine, la Camargo, le Petit Duc, la Tzigane, la Jolie Persane, Belle-Lurette, Kosiki*, etc. Quand il sentit le public un peu las, Koning eut la sagesse de se retirer et de passer la main, pour prendre le Gymnase, que lui offrait Montigny. Il y trouva une nouvelle série de succès, dont *le Maître de Forges* fut de beaucoup le plus considérable. Pourtant, à la longue, il devait connaître la fin de sa veine. Attaqué par cette presse dont il avait été si longtemps le favori, découragé par la non-réussite de plusieurs pièces, il pensa ramener la fortune fuyante en changeant encore une fois de direction et entreprit la création d'un nouveau théâtre construit dans la rue Boudreau, sur les terrains de l'Éden, et qu'il appela la Comédie-Parisienne, sans réussir à y amener les Parisiens. L'idée, pourtant, n'était pas mauvaise et n'avait que le tort de venir un peu tôt, puisque cette salle, devenue l'Athénée, n'en est plus aujourd'hui à compter ses succès. Pour lui, il acheva d'y perdre ce qui lui restait d'argent et de raison.

Ce fut, en somme, un directeur habile, sachant deviner le goût du public et, au besoin, le faire naître. Mais il lui fallait le succès. Comme bien des joueurs, quand il se sentait les belles cartes en main, il allait de l'avant et risquait allègrement la partie, mais, au premier échec, il se mettait à douter de tout et de lui-même. Je me rappelle qu'au moment de monter une pièce, il me demandait :

— Vous y croyez, vous? Moi, je ne sais plus !

Lorsqu'il disparut, il ne laissait que peu d'amis et ce n'était pourtant pas un méchant homme. En ce qui me concerne, je n'ai jamais eu à me plaindre de lui et si, dans la discussion ou l'exécution de certains traités, je l'avais vu apporter un peu plus de finesse qu'il n'aurait fallu, en revanche, il lui arriva assez souvent, pour tenir une promesse qu'il m'avait faite verbalement, d'aller contre son propre intérêt. Mais son humeur autoritaire et un peu tracassière lui avait aliéné bien des gens.

.·.

De ses premières années, il avait conservé cet esprit de taquinerie, qui l'avait tout d'abord mis en évidence. Faire une bonne niche ou une plaisanterie — pas toujours bonne — était pour lui une joie qu'il ne savait pas se refuser. Et cela lui valait quelquefois une rebuffade ou un coup de boutoir, témoin cette riposte qu'il s'attira un jour en ma présence : le bon et joyeux Debruyère, qui venait d'avoir un succès à la Gaîté, achevait de déjeuner chez Brébant, tout épanoui, lorsque Koning l'aborde et, d'un ton ironique, lui dit :

— Eh bien! Debruyère? Toujours grand? Toujours beau?

Après un mouvement vite réprimé, Debruyère, le toisant d'un air de capitan bon enfant et gouailleur :

— Et vous, Koning? Toujours gosse?

Koning ne trouva rien à répondre : il était debout, du coup il fut assis.

1er avril 1913.

XIX

Une pièce par la fenêtre.

En remontant la rue de Clichy. — Voisins sans le savoir. Sur le balcon. — Cinq étages, sans ascenseur. — Les fées de M. Clairville. — *Les P'tites Michu.* — A la recherche d'un dénouement. — Le portrait de la marquise. — Rentrée aux Bouffes-Parisiens. — Une série de directeurs. — Cantin et *La Béarnaise.* — Delphine Ugalde. — Une interprète inattendue. — *La Gamine de Paris.* — Le *Bonhomme de neige* et *La Veuve Joyeuse.* — La direction Coudert. — Le sixième tour. — *Véronique.* — Un théâtre perdu pour l'opérette. — Qui sait? — Le mérinos.

Une pièce par la fenêtre, ce n'est pas qu'il s'agisse d'une chute : au contraire, la pièce en question fut un très grand succès, qui promet de durer bien longtemps encore, mais on peut dire qu'elle est vraiment venue par la fenêtre et de la manière la plus bizarre.

Un jour que je remontais la rue de Clichy — exercice auquel je me suis livré quotidiennement et sans grand plaisir pendant un bon nombre d'années — je fus rejoint en route par Georges Duval, que j'avais connu à l'époque déjà lointaine où j'avais commencé avec mon ami Arnold Mortier, le « monsieur de l'orchestre » du *Figaro*, dont la rubrique s'est perpétuée jusqu'à présent, toujours aussi jeune et aussi brillante qu'au temps de son spirituel créateur — il y a quarante ans de cela! Duval, lui, était à l'*Événement* où, en dehors des Échos de Paris et de nombreuses chroniques, il avait entrepris de donner chaque jour une soirée théâtrale à l'instar de la nôtre, ce qui ne l'empêchait pas, pour se reposer, de produire sans relâche livres, romans et pièces de théâtre. Après nous être trouvés tant de soirs ensemble dans toutes les salles et dans toutes les coulisses de la capitale, nous avions, à la longue, fini par nous perdre un peu de vue. Cette rencontre nous fut donc une surprise.

— Que faites-vous dans ce quartier? me demanda-t-il.

— Je rentre chez moi, tout simplement. Et vous?

— Moi aussi. Alors, vous demeurez par ici?

— Depuis six mois, rue de Bruxelles.

— Rue de Bruxelles! Mais c'est ma rue! Quel numéro?

— 40.

— C'est trop fort! Il y a plus de deux ans que je suis au 42. Nous étions tout à fait voisins sans nous en douter.

Tout en cheminant, nous étions arrivés.

— Tenez, me dit Duval en me désignant un balcon, voici mon logis.

— Et voici le mien, lui répondis-je en lui montrant le balcon limitrophe.

— Mais nous sommes encore plus voisins que je ne le croyais! C'est charmant! Nous allons pouvoir continuer notre conversation là-haut.

En effet, nos cinq étages respectifs grimpés, nous nous retrouvions presque coude à coude. Il était bien évident que le hasard ne s'était pas ainsi donné pour rien la peine de nous rapprocher. Dès le lendemain, obéissant à notre destinée, nous commencions à collaborer. Comme l'Athénée, sous la direction de Maurice Charlot, allait abandonner la comédie, et se préparait à reprendre le *Jour et la Nuit*, cela nous décida à chercher immédiatement un livret d'opérette, qui pourrait avoir son tour dans le courant de la saison suivante. Moins d'une semaine après, nous étions en plein scénario des *P'tites Michu*. Les bruits de la rue étant tout de même un peu gênants pour un travail suivi de balcon à balcon, il nous fallait bien de temps en temps nous résigner, tantôt l'un, tantôt l'autre, à descendre les cinq étages pour remonter les cinq correspondants, mais ce n'était pas sans déplorer de n'avoir pas à notre disposition une fée bienfaisante à qui il aurait suffi d'un coup de baguette pour nous éviter cette peine. Hélas! Depuis feu Clairville, les fées ont disparu. Car il y croyait bien, l'excellent homme, à ses fées. N'est-ce pas lui qui, à un collaborateur qui désespérait de sortir d'une situation, disait le plus sérieusement du monde :

— Pardon, mon cher ami, vous oubliez que la Fée des Lilas est toute-puissante!

Tout d'abord, notre scénario marchait à souhait : les situations, les personnages, les incidents, se présentaient avec une facilité des plus encourageantes. Il y avait pourtant un point noir auquel nous ne pouvions songer qu'en tremblant, le dénouement. Comment reconnaître, entre ces deux fillettes mélangées dès le berceau, la fille d'une marquise et celle d'une paysanne? Il va sans dire que les combinaisons les plus invraisemblables et les plus compliquées étaient tour à tour mises en avant et repoussées avec horreur. Nous nous trouvions bel et bien accrochés et sur le point de donner nos deux langues à la légion de chats qui profitaient des ombres de la nuit pour s'ébattre amoureusement dans le square Vintimille, sous les yeux de Berlioz, impassible et de bronze. Après une série de séances « à blanc », Duval me dit un jour :

— Je crois bien qu'il va nous falloir y renoncer. C'est à ce moment-là qu'on nous attendra et nous sommes flambés d'avance, si nous ne trouvons pas pour dénouer quelque chose de tout à fait naturel.

Naturel ! Ce simple mot fut un éclair : le naturel allait nous donner la solution tant cherchée. Le caractère d'abord, ensuite la ressemblance. Deux jours après, nous avions établi l'épisode du portrait de la marquise et de la transformation de la petite Michu numéro deux, qui produisit à la représentation un si joli effet de surprise. Dès lors, les trois actes ne tardaient pas à être tout à fait sur pied. Seulement, il s'était écoulé un peu plus de temps qu'il n'aurait fallu et, lorsque la pièce fut enfin terminée, le théâtre auquel nous la destinions avait encore une fois changé de genre et renoncé à l'opérette pour revenir à la comédie.

Heureusement, les Bouffes-Parisiens allaient, tout à point, rouvrir avec une nouvelle direction.

**

Combien en ai-je vu passer de directions, dans ce théâtre des Bouffes, depuis le jour où Jules Noriac et Charles Comte m'y avaient accueilli pour la première fois en 1869 ! D'abord, après le départ de Noriac, Comte, resté seul, qui m'avait joué l'*Etoile*, la première partition d'Emmanuel Chabrier. A Comte, avait succédé Cantin, l'ancien directeur des Folies-Dramatiques, qui, lui, ne me joua rien du tout, s'étant brouillé avec moi pour je ne me rappelle plus quelles raisons, assez futiles d'ailleurs. Pourtant, après ses grands succès des *Mousquetaires au Couvent* et de la *Mascotte*, comme il se trouvait de belle humeur, il était venu à moi, un soir de première et m'avait tendu la main en me disant :

— Voyons ! Ça ne peut pas toujours durer. Apportez-moi quelque chose.

Ce « quelque chose » fut la *Béarnaise*, par laquelle devait commencer ma collaboration avec Messager. Seulement, il était écrit que, décidément, Cantin ne me jouerait jamais. A peine avait-il l'ouvrage que, voulant prendre un repos définitif, il passait la main à Gaspari, un ancien directeur, qui avait connu gloire et fortune au petit Théâtre du Luxembourg — plus communément Bobino — et ensuite aux Menus-Plaisirs, où il avait longtemps attiré le public avec une très brillante reprise de *Geneviève de Brabant*. Les Bouffes lui furent moins favorables et, après quelques mois d'exploitation, au moment où il se préparait à monter, pour la réouverture d'automne, la *Béarnaise*, que lui avait léguée Cantin, le pauvre Gaspari, que je vois encore avec sa haute taille, ses cheveux blancs, sa face rasée et ses façons nobles de marquis du vieux temps — il avait jadis tenu l'emploi des grands premiers rôles — était forcé de se retirer et de céder la place à un nouveau directeur, qui était une directrice.

⁂

Cette directrice nouvelle, c'était Delphine Ugalde, la grande artiste dont le nom est resté ineffaçable dans l'histoire de l'Opéra-Comique et du Théâtre-Lyrique, la créatrice de *Galatée*, du *Toréador*, de la *Fée aux Roses*, du *Songe d'une Nuit d'été*, de *Gil Blas* et de tant d'autres pièces, sans oublier, dans le genre bouffe, les *Bavards*, où nulle ne la remplacera jamais.

Ce n'était, du reste, pas la première fois qu'elle se trouvait à la tête de ce théâtre et je me rappelais l'y avoir vue, vers 1866, alors que je sortais à peine du collège, dans les *Chevaliers de la Table Ronde*, d'Hervé, qu'elle venait de monter et où elle enlevait avec un irrésistible brio ses couplets :

> Si ce n'est pas pour ton mari,
> Fais-le, du moins, pour ta famille.

Donc, en revenant aux Bouffes en 1885, Mme Ugalde y retrouvait la *Béarnaise*, dont elle n'avait qu'à reprendre les répétitions interrompues par la fermeture annuelle, et qui allait enfin avoir son jour. Mais ce ne fut pas encore sans anicroche, car la première représentation ne devait avoir lieu que près de deux semaines après la répétition générale, la principale interprète, une élève du Conservatoire, que Gaspari avait engagée à la suite d'un concours assez brillant, mais trompeur — comme il arrive souvent — s'étant montrée à ce point insuffisante, que les quelques personnes qui assistaient à cette répétition, dont Auguste Vitu, le critique du *Figaro*, étaient venues nous déclarer que ce serait folie de risquer la pièce dans ces conditions. Mais le temps pressait. A quelle artiste pourrait-on s'adresser ainsi à l'improviste ? Il y en avait bien une, à laquelle nous avions songé dès les premières heures : la propre fille de la directrice. Malheureusement, un engagement retenait encore pour plus d'un an Marguerite Ugalde chez Brasseur qui, cela se comprend, n'aurait jamais consenti à lui rendre sa liberté au profit d'une maison rivale. Enfin, au moment où l'on allait désespérer, Mme Ugalde nous dit avec triomphe :

— J'ai trouvé notre affaire ! Vous verrez cela demain.

Le lendemain, qui arrivait au théâtre ? Jeanne Granier en personne, la Granier de *Giroflé*, de la *Petite Mariée* et du *Petit Duc*, qui n'avait pas paru sur la scène depuis quelque temps déjà et auprès de laquelle il avait fallu dépenser des trésors de diplomatie et d'éloquence pour la décider à y reparaître de cette façon un peu inattendue. Après avoir pris connaissance du rôle et de la musique, elle se déclarait prête à répéter immédiatement, et, avec une pareille artiste, si gaie et si vivante, le temps perdu fut vite rattrapé. Après une répétition générale — combien différente de l'autre ! — la pièce était définitivement affichée et ne pouvait manquer de réussir, avec une distribution où, en dehors du nom de notre providentielle étoile, figuraient ceux de Maugé, de Vauthier — encore une ancienne connaissance, à moi — et de Mily-Meyer, une autre de mes interprètes préférées.

⁎⁎⁎

Pendant que l'on répétait la *Béarnaise*, j'avais apporté à Mᵐᵉ Ugalde une nouvelle opérette, *La Gamine de Paris*, dont la partition était de Gaston Serpette et qu'elle avait tout de suite inscrite à son programme. Mais il nous en fallut attendre pas mal de temps la représentation, car, enjambant d'une saison sur l'autre, le succès de *Joséphine vendue par ses sœurs* allait accaparer les Bouffes pendant de longs mois. Il est vrai que nous gagnions à cela que Marguerite Ugalde, ayant terminé son engagement aux Nouveautés, pourrait enfin jouer sur le théâtre que dirigeait sa mère. La première n'eut lieu que le 30 avril 1887, avec Maugé, Piccaluga, Charles Lamy, Jannin, Mily-Meyer et Gilberte dans les autres rôles. Le succès, qui se prolongea jusqu'à la clôture d'été, en juin, indiquait assez qu'il se continuerait encore longtemps à la réouverture. Mais, au théâtre, ne faut-il pas compter toujours avec l'imprévu !

Les études avaient été reprises et touchaient même à leur fin, avec Montrouge, remplaçant Maugé, parti pour le Palais-Royal, lorsque, le soir où l'on devait répéter en costumes, j'appris qu'une maladie soudaine de Marguerite Ugalde allait modifier tous les plans. La réouverture eut donc lieu sans nous, avec *Joséphine vendue par ses sœurs*, remontée en toute hâte. Après *Joséphine*, ce fut le théâtre qui fut vendu et, naturellement, le nouvel acquéreur, Chizzola — qui ne devait pas tenir longtemps — n'eut rien de plus pressé que de changer tout ce qui avait été combiné avant lui. De sorte que la *Gamine de Paris* attend encore sa reprise, et c'est grand dommage, surtout pour Serpette, dont la partition contenait nombre de morceaux jolis ou amusants et peut compter parmi ses meilleures.

Après l'éphémère direction Chizzola vint, celle, plus durable, de Lagoanère et Larcher, qui fut marquée par les deux grands succès de la pantomime de *l'Enfant prodigue* et de *Miss Helyett* et qui ne dura pas moins de six ans, pendant lesquels j'eus l'occasion de faire représenter, en collaboration avec Henri Chivot, *Le Bonhomme de neige*, joué par Huguenet, Vauthier, Piccaluga, Charles Lamy, tout à fait original dans le personnage falot du bonhomme; Mmes Simon-Girard et Mariette Sully, qui en était à ses premiers débuts. La charmante partition de mon excellent ami Antoine Banès avait été fort goûtée, mais pas encore autant qu'elle le méritait, car elle renferme une foule de motifs savoureux ou brillants, dont, au second acte, une valse avec laquelle celle qui a contribué à la vogue de la *Veuve Joyeuse* offre une analogie plus que frappante. Il est vrai que l'heure de la valse n'avait pas encore sonné à Paris, surtout pour celles qui ne venaient pas en droite ligne de Vienne ou d'ailleurs. Mais la musique de Banès a pris sa revanche en Allemagne, notamment à Cologne, où son succès a été très vif.

Enfin, au moment où j'allais, avec Duval, me trouver fort embarrassé du livret des *P'tites Michu*, un autre directeur s'installait, comme je l'ai dit, au théâtre fondé par Jacques Offenbach. C'était Coudert, qui arrivait de province avec la réputation d'un homme habile et de rapports courtois et sûrs. Il nous reçut, en effet, de la façon la plus aimable, et, après avoir lu notre manuscrit, il nous déclara qu'il l'acceptait avec empressement.

— Seulement, ajoutait-il, je ne puis vous offrir que le sixième tour. Après l'opérette d'Audran, j'en ai encore quatre de reçues.

— Par traité ?

— Non, mais c'est tout comme.

Ainsi, nous étions au mois de mai à peine, la réouverture ne devait avoir lieu qu'en octobre et déjà les cinq premières places étaient prises! Il y avait de quoi faire reculer de plus patients que nous. Heureusement, nous savions par expérience ce qu'il faut penser des projets et des programmes directoriaux et, sans rien manifester de notre scepticisme, nous acceptâmes le rang qui nous était offert.

En attendant, il fallait s'occuper au plus tôt de la musique. Nous avions immédiatement pensé à Messager, mais il avait quitté Paris depuis quelque temps déjà, pour se fixer en Angleterre. Je lui écrivis à tout hasard et, trois jours après, nous avions sa réponse, nous demandant l'envoi du manuscrit. Trois autres jours après, nouvelle réponse nous disant :

— Cela me va beaucoup. Je me mets à l'ouvrage et j'irai vite.

Nous avions eu bien raison, nous, de ne pas nous émouvoir du long délai imposé, et lui, de presser son travail. Dès le 12 octobre, le lendemain même de sa réouverture, Coudert nous appelait d'urgence, Duval et moi, pour nous demander où Messager en était et si nous étions prêts à entrer tout de suite en répétitions.

— Mais vos quatre autres pièces ?

— Il en est bien question ! Ce n'est que sur la vôtre que je puis compter et il faut que nous passions au plus tard dans un mois.

Comme quoi il suffit d'un insuccès pour changer la manière de voir d'un directeur ! Un mois plus tard, exactement le 11 novembre, les *P'tites Michu* faisaient leur entrée dans le monde avec le bon et jovial Regnard, mort si tristement depuis, Barral, Maurice Lamy, dont ce fut le premier succès, un baryton nommé Manson, et, du côté des dames, Léonie Laporte, exubérante et joyeuse, Mme Vigoureux, duègne accorte, et deux exquises jumelles, Alice Bonheur et Odette Dulac.

Tout de même, notre « sixième tour » ne s'était pas fait trop attendre !

Quelques jours après la première, je reprenais avec Duval cette collaboration par la fenêtre qui nous avait si bien réussi et qui devait encore nous donner *Véronique*, dont le souvenir est trop vivant pour que j'aie à en parler plus longuement. Du reste, comme toutes les pièces heureuses, *Véronique* n'a pas d'histoire et il est inutile de rappeler le succès qu'y ont eu Jean Périer, Regnard, Maurice Lamy, Mariette Sully, Tariol-Baugé et Laporte. *Cantavit et placuit :* ces trois mots résument ce qu'il y aurait à dire sur cet ouvrage favorisé du sort.

***

Depuis le départ de Coudert, les Bouffes ont cessé d'appartenir à l'opérette et il faut le regretter, car elle s'y trouvait tout à fait à sa place. Mais, quels que soient les succès qu'on y ait eus sans elle, je ne puis me décider à croire que cette jolie petite salle, dont les échos sont tout vibrants encore de tant de musiques tendres et joyeuses soit à jamais perdue pour le genre qui avait fait son renom et pour lequel elle avait été créée. Ce n'est que patience à avoir. « Laissons brouter le mérinos ! » comme disait Busnach, dans les rares moments où il se piquait d'atténuer les crudités d'expression du jargon théâtral.

25 avril 1913.

XX

Le Pipard.

Un cercle sans jeux de cartes. — La pipe emblématique. — Intermèdes variés. — Les soirs de première. — L'artificieux artifice. — Un livre d'or. — Le maître d'hôtel amateur d'autographes. — Au Théâtre-Lyrique Vizentini. — Une audition sur les ponts. — Le compositeur Cœdès. — « Mixte et catapultueux ! » — La valse improvisée. — Raoul Toché et Gaston Serpette. — La complainte du Pecq. — L'accusé muet. — Le centenaire de Valter. — Un pipard Président de la République.

C'était un cercle qui, pendant un assez long temps, a tenu une place importante dans la vie théâtrale et dont les réunions avaient acquis bien vite une sorte de célébrité, entre la Chaussée d'Antin et le Faubourg Montmartre. Mais un cercle absolument unique, qui se passait d'autorisation, de statuts et de cotisations et dans lequel il eût été impossible de trouver le moindre jeu de cartes. Son nom même lui avait été donné par antiphrase et la pipe en terre cuite, que chaque membre recevait lors de son admission, n'était que pour lui rappeler que cet instrument était impitoyablement banni de ces lieux.

Le Pipard avait été fondé, ou plutôt s'était fondé de lui-même, aux environs de 1873. A l'origine, nous étions six ou huit à peine, auteurs, journalistes, artistes ou habitués des théâtres, qui avions eu l'idée de nous donner rendez-vous chaque soir après le spectacle, chez Brébant, dans un grand salon du premier étage. Là, mêlés au reste des consommateurs et attablés devant un modeste souper, nous passions gaîment une heure ou deux à échanger les nouvelles et les potins du jour. Au bout d'un mois, nous étions une douzaine et bientôt après plus de vingt, si bien que les soupeurs étrangers s'étaient trouvés peu à peu écartés et que nous restions seuls maîtres du salon où notre premier soin fut d'installer un piano meilleur que celui qui était à la disposition du public. Dès lors, le Pipard commençait d'exister. Mais comme le bruit n'avait pas tardé à se répandre, il nous fallait tout de suite aviser à nous défendre contre l'envahissement de convives « indésirables ». A défaut de statuts il fut établi une sorte de règlement portant sur quelques points essentiels ; d'abord, nul ne pourrait désormais être admis qu'à l'unanimité des voix, ensuite, le nombre des membres serait strictement limité à trente-trois. Pourquoi trente-trois et non trente ou trente cinq? La fantaisie seule avait arrêté ce chiffre fatidique. Du reste, chacun avait le droit d'amener avec lui un ou deux invités du sexe fort. Pour le sexe aimable, aucune restriction, pourvu que l'invitée fût gaie, jolie autant que possible et, cela va sans dire, appartenant au monde du théâtre. Point de président ni de gérant, mon confrère Edouard Philippe, alors secrétaire général de la maison d'édition Brandus, avait assumé ces doubles fonctions, où il était aidé par un bon gros garçon, nommé Paul Aubert, qui vivait de ses rentes et n'avait d'autre profession que d'être un joyeux compagnon à tu et à toi avec la moitié de Paris.

※

A peine né, le Pipard était donc en pleine vogue. Chaque soir on était assuré d'y trouver en nombreuse compagnie une conversation toujours animée et les distractions les plus variées. Chacun y mettant du sien et payant de sa personne, le programme ne chômait pas un seul instant et les intermèdes se succédaient, si bien que, souvent, l'aube pointait avant qu'on se fût décidé à se séparer.

Mais c'était surtout les soirs de première que la réunion battait son plein. Notre grand salon était alors trop petit pour recevoir tous ceux qu'on aurait voulu accueillir. Entre minuit et deux heures du matin, le sort de la pièce se trouvait fixé et, lorsque nous arrivaient, au sortir des presses, les premiers exemplaires des journaux du matin, ils ne faisaient guère que confirmer le jugement rendu par ce groupe de Parisiens avertis. Et l'on avait en plus la surprise d'un de ces feux d'artifice de salon, dont Édouard Philippe s'était fait une spécialité. Il en avait toujours les poches bourrées et, au moment où l'on s'y attendait le moins, de dessous votre chaise, du lustre suspendu au-dessus de votre tête, du verre que vous alliez prendre, du plat où vous vous prépariez à porter la main, jaillissaient des gerbes d'étincelles multicolores, sans que l'on pût savoir comment cela s'était produit, l'artificieux artificier ayant tout disposé à l'avance et dissimulé habilement de minces fils de fulmi-coton qu'il n'avait qu'à enflammer de sa place avec le bout de son cigare, tout en ayant l'air d'être plongé dans une conversation des plus sérieuses avec son voisin ou sa voisine. Sur les nouveau-venus, l'effet était immanquable. Il y avait bien, de-ci de-là, quelques nappes un peu roussies, mais l'excellent Brébant n'aurait eu garde de s'en plaindre. Bien mieux, il avait institué à notre usage des prix d'une douceur angélique et telle addition qui, dans toute autre partie du restaurant, aurait atteint un total assez imposant se trouvait, du fait de franchir notre seuil, réduite de plus de la moitié.

Ces soirs-là aussi, le nombre de nos charmantes invitées était fort augmenté. Dans un placard à nous réservé et qui constituait à la fois nos bureaux, nos archives et notre magasin d'accessoires, il était un registre sur lequel chacune devait apposer sa signature la première fois qu'elle venait. Il y en eut bientôt plus de cent cinquante et ces « feuilles de présence » seraient certainement bien curieuses à revoir aujourd'hui. Malheureusement, un maître d'hôtel congédié, sans doute amateur éclairé d'autographes, a jugé bon de l'emporter avec lui, supprimant ainsi le plus joli chapitre de notre histoire. De souvenir, je citerai au hasard : Hortense Schneider, Suzanne Lagier, Thérésa, Théo, Angèle, Gabrielle Gauthier, Grandville, Léonide Leblanc, Céline Montaland, Massin, Berthe Legrand, Blanche Ghinassi, une gentille actrice des Variétés, qui s'était rendue célèbre en entrant dans la cage aux lions du dompteur Bidel, et tant d'autres à présent oubliées, ou que j'oublie. Une des plus assidues était Judic, qui n'avait pas de plus grand plaisir, après une représentation où le public lui avait impitoyablement redemandé tous ses morceaux, que de venir se délasser en nous apportant sa gaîté intarissable et ses exquises chansons.

Parmi les hommes, on comptait, auteurs ou journalistes, Raoul Toché, Ernest Blum — quand il consentait à ne pas se coucher trop tôt — Gaston Serpette, Cœdès, Alfred d'Aunay et Georges Boyer, du *Figaro*, Jehan Valter, le secrétaire de la rédaction de *Paris-Journal*, Gaston Bérardi, Armand Lévy. Comme artistes, les peintres Vibert et Berne-Bellecour et le pianiste Théodore Ritter, puis José Dupuis, Grenier, Gailhard, Porel, Godfrin, etc. Il y avait même un ingénieur (!), Hinstin, gros bonhomme rond et rubicond qui passait toutes ses soirées au théâtre et que l'on appelait, en raison de sa large figure et de son air digne et majestueux, le Père Louis XIV.

Que de disparus depuis, et combien peu restons-nous à nous rappeler ces années déjà lointaines et les bons camarades d'autrefois!

Le premier parti, fut le brave Paul Aubert, si affable, si heureux de vivre, qu'une congestion emporta subitement au moment où il songeait sans doute à une de ces farces qu'il se plaisait à machiner de longue main et qui excitaient d'avance son bon gros rire satisfait. Je me souviens qu'un soir, à l'époque où Albert Vizentini, dont il était l'ami intime, se préparait à transformer la Gaîté en théâtre lyrique — bien avant les frères Isola — il me recommandait de ne pas manquer de venir au théâtre dans l'après-midi du lendemain.

— C'est jour d'auditions et, comme Vizentini ne sera pas là, je me suis chargé de le remplacer.

— Vous!

— Oui! Ces auditions-là sont pour la forme. On écoute, on donne de bonnes paroles, on prend les adresses, et ça suffit.

Le lendemain, il était à son poste, avec un air de circonstance. Ce fut réjouissant. A l'un, il demandait le plus sérieusement du monde s'il y avait déjà eu des chanteurs dans sa famille. A un autre, il disait :

— Vous ne pourriez pas me chanter quelque chose en espagnol. Je suis persuadé que votre voix sonnerait bien mieux dans cette langue-là.

Pour finir, se présentait un garçon barbu, assez gauche, se proposant comme ténor.

— Vous en êtes bien sûr?... Moi, je vous verrais plutôt comme basse. Enfin, si vous tenez à être ténor... Allez, mon ami.

Le morceau une fois chanté, il reprend :

— Mais c'est vrai! Vous êtes ténor. Je ne l'aurais jamais cru. Écoutez, je pense que vous ferez notre affaire. Il y a dans le prochain opéra un solo qui se chante sans accompagnement, au sommet d'une tour. Il faut que je me rende compte de l'effet que vous produirez d'en haut. Montez par cet escalier jusqu'au pont volant qui traverse la scène et recommencez votre air.

Une fois le chanteur engagé sur les marches, il me prend par le bras :

— Maintenant, filons!

Et, pendant ce temps, le malheureux, resté seul dans les frises, s'égosillait à lancer aux échos déserts :

Bel ange, ô ma Lucie!

jusqu'à ce qu'un machiniste, attiré par ses cris, vint l'interrompre :

— Ah! çà! qu'est-ce que vous f...ichez ici?

— C'est pour l'audition.

— L'audition! Est-ce qu'on passe des auditions sur les ponts, à présent? On s'est payé votre tête. Faites-moi le plaisir de déguerpir!

La plaisanterie était plutôt cruelle, mais la victime n'eut pas à s'en plaindre, car le lendemain Paul Aubert lui faisait avoir un emploi de coryphée, avec des appointements plus que consolateurs.

**

Puis ce fut le tour de Cœdès, un compositeur d'un réel talent, qui n'eut certes pas la situation qu'il aurait méritée. Cœdès était souffleur à l'Opéra et, après avoir peiné toute une soirée à « envoyer » aux chanteurs les répliques de leurs rôles, il éprouvait le besoin de se reposer en nous amusant de sa verve cocasse et de ses inventions bouffonnes. Il avait même créé une expression qui fit un moment le tour de Paris. « C'est mixte et catapultueux ! » s'écriait-il à propos de tout, du temps qu'il faisait, de la pièce qu'on venait de jouer, d'une histoire qu'on lui contait. La juxtaposition de ces deux mots ne signifiait absolument rien, et c'était tout justement plus qu'il n'en fallait pour faire son chemin. Au piano, il était un improvisateur étonnant de drôlerie, soutenant que les librettistes étaient gens inutiles et qu'il se chargerait bien d'écrire une partition entière sans eux et rien qu'avec les annonces parues à la quatrième page de n'importe quel journal, y compris le bulletin de la Bourse. Et il nous en donnait des exemples à l'appui, qui étaient vraiment d'une fantaisie achevée. Mais, chose curieuse, cette fantaisie intarissable l'abandonnait dès qu'il voulait se mettre à écrire pour le public. Des trois partitions qu'il a données : *Fleur de baiser*, la *Girouette* et la *Belle Bourbonnaise*, la dernière seule a eu un semblant de réussite. Aussi était-il, au fond, un triste et un désabusé, et l'on a bien vu tout ce qu'il y avait de factice dans cette gaîté à jet continu, le jour où l'on apprit qu'il avait fallu l'enfermer dans une maison de santé. Là, il s'imaginait être arrivé à la renommée et à la fortune, ayant tous les directeurs à ses pieds, et il s'est éteint ainsi, doucement, dans le bonheur d'un rêve que le sort, enfin clément, lui envoyait après lui avoir si longtemps refusé la réalité.

**

Pour lui donner la réplique au piano, il y avait Gaston Serpette, Raoul Toché et Édouard Philippe. Une certaine valse improvisée par eux quatre fit même sensation. L'un d'eux avait attaqué le motif et, au bout de quelques mesures, cédait la place au second, debout à côté de lui. Quelques mesures encore, et le troisième continuait, puis le quatrième, et ainsi de suite pendant près de trois quarts d'heure, sans qu'aucun des exécutants fût jamais mis en défaut par les surprises et les casse-cou que les autres ne lui ménageaient pas.

Un autre soir, Toché et Serpette nous donnaient le régal d'une complainte sur le fameux crime du Pecq, dont la musique a été employée plus tard dans la partition de *Fanfreluche*, à la Renaissance. Quant aux paroles, elles sont, je crois perdues pour la postérité, et c'est regrettable. Cela débutait ainsi :

> Nous sommes dans la pharmacie,
> C'est un bien fâcheux accident :
> Ce que l'on nomme mal de dent,
> Nous l'appelons odontalgie...

Et, plus loin, un couplet sur la double exhumation du corps de la victime se termine par ces vers :

> On l'exhume d'abord et puis on le rexhume
> Et, prodige étonnant,
> Ce cadavre charmant
> Est, la seconde fois, beaucoup plus frais qu'avant !

Puis, ce fut une séance de jugement avec costumes de magistrats empruntés au vestiaire du Palais. Le président était Alfred d'Aunay, l'accusé, José Dupuis. Il avait à répondre d'une tentative de violence sur une jeune personne, figurée par la plantureuse Suzanne Lagier. A répondre, non, car, dès le commencement de l'interrogatoire, on constatait que l'accusé était muet et ne pouvait s'exprimer que par signes. Grand embarras du président, qui ignorait le langage de l'abbé de l'Épée. Dupuis le rassurait du geste et, démasquant un cornet à piston, lui indiquait qu'il pouvait reprendre l'interrogatoire. A chaque question, la réponse arrivait avec un air approprié, et c'était là une scène qui aurait certainement produit un gros effet aux Variétés.

Une autre fois, en 1878, comme on célébrait le centenaire de Voltaire, nous avions voulu avoir aussi le nôtre. Ce fut le centenaire de Valter, qui fut fêté, avec l'inauguration d'un buste modelé par Gaston Bérardi, discours officiels, fanfares, grand défilé — et feu d'artifice, naturellement.

Une autre fois... mais, comme dit le Valentin du *Petit Faust* :

Ainsi que tout commence, il faut que tout finisse.

Je finirai donc — et par un nom assez inattendu dans cette société. Celui qui le portait n'appartenait en rien au monde du théâtre, bien que destiné à jouer plus tard le premier rôle sur une très grande scène. Il fut pris un jour de l'ambition de faire partie d'une réunion qui lui promettait de si joyeuses soirées. Après quelques négociations habiles, la porte lui fut ouverte, et Edouard Philippe conserve encore soigneusement dans une vitrine la pipe emblématique attribuée en cette occasion à... Félix Faure — car le postulant en question n'était autre que le futur président de la République.

3 juin 1913.

XXI

Petits Théâtres d'autrefois.

Bouis-bouis et bonbonnières. — Sur le boulevard Richard-Lenoir. — Un théâtre en miniature. — Les Folies-Saint-Antoine. — Le colonel Lisbonne. — Un public sans façon. — Les fournisseurs attitrés. — « Monsieur le directeur ». — Chez le marchand de vin du coin. — De l'utilité d'un bon estomac. — Un théâtre dans un lavoir. — La planche sous le bras. — Marchand de chaussons aux pommes et impresario. — Des Funambules au théâtre Saint-Pierre. — Un auteur inépuisable. — Le prix d'une pièce en un acte. — — *Tapez-moi là-dessus!* — La montre de Tantale. — Le bilan d'un grand succès. — Un directeur bohème. — Joyeuses enseignes.

Aujourd'hui, les salles des petits théâtres « à côté » sont de vrais salons, luxueux, embaumés et confortables. Les peintures claires, les ors, les soies et les velours y sont prodigués, les lumières électriques brillent à profusion, enfin on y est, en général, assez commodément assis et tout a été mis en œuvre pour attirer et retenir un public de choix.

Combien différentes étaient celles de jadis, surtout les deux dont je vais m'occuper! Ce n'est certes pas à celles-là qu'on aurait pu appliquer le mot de bonbonnière, qui est maintenant le cliché de rigueur. Décoration plus que primitive, peintures à la détrempe, parfums d'orange mêlés aux senteurs du saucisson à l'ail, éclairage indigent et sièges rembourrés avec le classique noyau de pêche, voilà les agréments qu'elles offraient à leurs spectateurs. Il y avait même des places où l'on devait se contenter de vulgaires planches de sapin à peine rabotées. On y venait, cependant, et ces modestes bouis-bouis avaient même une clientèle assez nombreuse, comme autrefois le Lazari et les Funambules.

Le premier de ces temples dramatiques était situé non loin de la Bastille, sur le boulevard Richard-Lenoir, presque à l'angle de la rue Daval.

Vers 1865, un ancien directeur de province, nommé Valmont, avisant à cet endroit une sorte de hangar libre de location, y avait fait établir une construction légère qu'il avait fort justement baptisée « le Petit Théâtre ». Et c'était, en effet, un véritable théâtre en réduction, avec avant-scènes, loges, orchestre, balcon et galerie supérieure, le tout grand comme la main et ne comportant guère plus de deux cents places.

Au bout de quelques mois, Valmont se retirait et son successeur, plus ambitieux, ne voulant pas se contenter du nom choisi par son prédécesseur, le Petit Théâtre prit celui, plus ronflant, de Folies-Saint-Antoine, qu'il conserva jusqu'à l'époque de sa disparition après cinq ou six années d'existence.

Notons, pour l'histoire, qu'un de ses derniers directeurs fut l'acteur Lisbonne, qui devait acquérir plus tard, en qualité de colonel de la Commune, une célébrité qu'il n'aurait jamais connue comme artiste.

***

Pour le moment, les Folies-Saint-Antoine avaient à leur tête un ancien régisseur des Folies-Dramatiques appelé Huber, qui avait entrepris, non sans succès, d'y donner de grands vaudevilles inédits, des revues et des pièces à femmes. Et, ma foi, parmi ces demoiselles, il y en avait d'assez jolies et qui chantaient faux avec la même grâce et le même charme que sur d'autres scènes plus relevées. Du reste, la troupe qu'il avait recrutée était des plus convenables; j'y ai même vu débuter un jeune comédien que l'affiche désignait sous le simple prénom de Henri et qui fut plus tard une des gloires de Cluny, sous la direction de Léon Marx : Henri s'était mué en Muffat, un nom qui restera attaché à l'inoubliable création de *Boubouroche*.

Les grands jours de recette étaient le samedi, le dimanche et le lundi. Ces jours-là, il y avait salle comble. Par exemple, il ne faisait pas bon s'y aventurer à l'orchestre ou au balcon dans une tenue qui déplût à ces messieurs de la galerie, car, dans ce cas, les pelures d'oranges se mettaient à pleuvoir avec entrain.

Excellent public, d'ailleurs, que ces spectateurs à dix sous, s'amusant de tout et s'intéressant à ses artistes, qu'il ne se faisait pas faute d'interpeller à l'occasion :

— De quoi? On ne chante pas son couplet ce soir? C'est-il donc que tu as fait la noce hier?

Ou bien :

— Bravo, la petite mère! C'est envoyé.

Et, quand arrivait la ronde — car il y avait une ronde dans toutes les pièces —, la salle ne manquait pas de reprendre le refrain en chœur.

⁎

Le fournisseur attitré, le Clairville, le Meilhac et Halévy des Folies-Saint-Antoine, était l'acteur Milher, doué d'une fécondité phénoménale, qui occupait l'affiche presque sans interruption, signant ses pièces de son anagramme : Hermil.

Un autre fournisseur, non moins prolifique, était un nommé Vergeron, dont un vaudeville en trois actes avec Alexis Bouvier, le *Carnaval des modistes,* se maintint pendant près de trois mois, cas de longévité assez remarquable dans un théâtre où les plus grands succès se chiffraient par trente ou trente-cinq représentations. A sa profession d'auteur dramatique, ce Vergeron, homme avisé, joignait celle, probablement plus lucrative pour lui, de fabricant de toiles cirées : il n'y a pas de sot métier.

A ces deux piliers, venaient se joindre de temps à autre quelques auteurs moins favorisés, parmi lesquels je note Alfred Delilia, le futur courriériste théâtral du *Figaro,* qui débuta sur cette scène minuscule presque en même temps que

Leterrier et moi, par un petit acte : *On nous écrit de Marseille*, suivi bientôt après d'un grand vaudeville en trois actes : *Au Grand Cerf*.

Je ne sais pas de quelle façon il s'y était pris pour faire accepter sa première pièce; quant à moi, c'est à mon estomac que je dus la réception de la mienne.

C'était un vaudeville pas bien méchant, intitulé *Un mariage aux Petites-Affiches*, que nous n'aurions jamais eu l'audace de présenter à un théâtre comme les Variétés ou le Palais-Royal, mais dont nous n'aurions pas été fâchés de voir l'effet sur un public, quel qu'il fût. Comme je demeurais avec ma famille assez près des Folies-Saint-Antoine, l'idée me vint d'y porter mon manuscrit, à tout hasard.

Mais ce n'était pas chose facile : « Monsieur le directeur est occupé sur la scène et n'est pas visible », me répondit le cerbère préposé à l'entrée de ce paradis rêvé. Je repassai plusieurs fois, à des heures différentes, « monsieur le directeur » était parti ou n'était pas encore arrivé. Enfin, un matin, mon cerbère voulut bien me confier que son patron était en train de déjeuner à côté chez le marchand de vin du coin.

Chez le marchand de vin, diable ! Mais, pour être joué, par où n'en passerait-on pas? Je franchis bravement le seuil et j'aperçus, en effet, mon homme. Seulement, il était écrit que ce ne serait pas encore pour cette fois-là : les cartes en main, il était en train de se livrer avec trois autres partenaires à une manille qu'il eût été impolitique de troubler.

Mon plan fut vite dressé : dès le lendemain, avant l'heure où il devait arriver, j'étais installé à la table voisine de celle qu'il occupait la veille et, renonçant à la bonne et honnête cuisine familiale qui m'attendait chez moi, je me faisais servir une ratatouille inquiétante, dénommée plat du jour, et que je trouvai supportable dès que je vis « monsieur le directeur » venir s'attabler à côté de moi devant une portion du même ordinaire.

Mon courage eut sa récompense : au bout de trois ou quatre repas de ce genre et grâce à l'offre habile d'autant de verres de « fine », la connaissance était faite et mon acte reçu. Si j'avais su la manille, je serais peut-être arrivé à en faire recevoir trois !

***

Dans le passage Saint-Pierre, qui conduisait de la rue Amelot au boulevard du Prince-Eugène — devenu le boulevard Voltaire — se trouvait un autre petit théâtre, qui s'appelait, tout naturellement, le théâtre Saint-Pierre et dont la réputation franchit, pendant un temps, les limites du quartier.

Il occupait l'emplacement d'un ancien lavoir. La salle formait une sorte de triangle ou d'éventail et ne comportait qu'un simple rez-de-chaussée, divisé en fauteuils, en stalles et en parterre, où l'on était assez mal à l'aise, mais avec l'avantage appréciable de bien voir de toutes les places.

Détail assez pittoresque et qui vaut d'être relevé : les strapontins étaient ignorés, mais, pour y suppléer, aux jours d'affluence, comme l'allée centrale était assez large, on avait imaginé de délivrer au contrôle, en même temps que le billet d'entrée, une planche, qui, appuyée de chaque bout sur es fauteuils, pouvait servir à deux personnes, et c'était chose amusante, de voir pendant les entr'actes, des spectateurs se promenant avec leur siège sous le bras, pour être assurés qu'on ne leur prendrait pas leur place.

Comment l'idée avait-elle pu venir à quelqu'un d'ouvrir un théâtre dans ce passage où il ne passait pour ainsi dire personne et qui n'était occupé que par de petits ateliers et des logements à bon marché ? Seul le fondateur pourrait nous le dire, s'il était encore de ce monde. Le fait est qu'il l'ouvrit et y réussit même assez pour prendre peu après la direction du théâtre du Havre. Il se nommait Husson, si j'ai bonne mémoire.

Son successeur, Dechaume, était un type curieux. Brave homme, mais complètement illettré, grêlé à rendre une écumoire jalouse, il avait commencé par être vendeur de programmes et de chaussons aux pommes aux Funambules.

Lorsque fut décidée la disparition en bloc du boulevard du Crime, entre l'expropriation et le moment où devaient arriver les démolisseurs, il s'écoula une période d'environ trois mois, pendant laquelle les Funambules restaient vacants. Dechaume, qui ne pouvait se décider à les abandonner, les prit à son compte et y donna une grande pantomime, les *Mémoires de Pierrot*, qui lui rapporta pas mal d'argent.

Dès lors, sa vocation se trouvait décidée: adieu, les chaussons aux pommes! Quand il se retira devant les premiers coups de pioche, ce fut pour acheter le théâtre Saint-Pierre. Incapable de déchiffrer lui-même les manuscrits, il se les faisait lire par les auteurs et savait fort bien démêler où se trouvait le succès.

Lui aussi, il eut ses fournisseurs en titre: tout d'abord, la raison sociale Laporte et Rigodon — un nom à souhait pour un vaudevilliste. Ce nom-là sur une affiche, c'était déjà une promesse de gaieté.

Puis, Auguste Jouhaud, un bonhomme d'auteur qui mérite bien une courte mention. A le voir, le nez chaussé de besicles, on l'aurait pris volontiers pour un écrivain public, et l'on ne se serait d'ailleurs trompé que de peu. Sa spécialité était la pièce en un acte, qu'il produisait en abondance, inondant toutes les petites scènes qui voulaient l'honorer de leur confiance et s'élevant même parfois jusqu'à l'Eldorado et aux Folies-Dramatiques. Le prix était fait de dix ou quinze francs l'acte, et l'on est ému en songeant à ce qu'il lui fallait en usiner pour gagner de quoi vivre. Je pense bien ne pas exagérer en estimant sa production totale au chiffre de quatre à cinq cents actes.

Un moment, il l'interrompit, ayant presque connu la fortune, grâce à un héritage d'une cinquantaine de mille francs qui lui était tombé. Malheureusement, après avoir écrit tant de pièces, il lui vint l'ambition de jouer celles des autres et de se faire directeur des Galeries Saint-Hubert, à Bruxelles. Après cela, il lui fallut revenir à sa fabrication dramatique, que la mort seule finit par interrompre.

Mais c'est à la collaboration de Blondeau et Monréal que Dechaume dut la prospérité de son théâtre. Leur première revue : *Tapez-moi là-dessus!* fut un succès qui flamba tout de suite.

Ce fut la vogue : au bout de quelques jours, gandins et cocottes s'empressaient d'accourir et pendant longtemps, spectacle inouï, on vit des files de voitures stationner dans ce petit passage Saint-Pierre-Amelot, devenu soudain le rendez-vous du Paris qui s'amuse. Il en fut ainsi jusqu'à la centième.

Blondeau raconte assez gaiement une émotion que lui valut l'approche de cette solennité.

Un soir, Dechaume le prend à part et l'emmène dans sa salle à manger, qui était en même temps son salon et son bureau :

— Mon cher ami, je passe pour être un homme « serré ». A l'occasion de votre centième, je veux prouver que je sais bien faire les choses, quand il le faut.

Et, tirant d'un tiroir du buffet un écrin assez riche :

— Qu'est-ce que vous dites de cela?

Blondeau eut un éblouissement : c'était une montre en or, de l'aspect le plus cossu. Avec un peu de remords, à cause de Monréal, qu'il croyait devoir être oublié, il se met à balbutier :

— Superbe! Magnifique! C'est d'un goût!...

— N'est-ce pas? Je suis heureux d'avoir l'avis d'un homme comme vous. Je vois que j'ai bien choisi.

Et, refermant l'écrin, il ajoute :

— Dès ce soir, je vais l'offrir à Mme Dechaume.

La scène aurait pu prendre place dans la revue.

※

Le théâtre ayant fait sa clôture annuelle après la centième, *Tapez-moi là-dessus* eut les honneurs d'une tournée en province et reparut sur l'affiche à la réouverture, pour une nouvelle série de cent représentations. Deux cents représentations, quel rêve pour des auteurs qui débutent ! Mais pas un rêve bien doré, toutefois : le théâtre payait par soirée sept francs de droits, dont deux pour le lever du rideau, que Dechaume avait acheté — à Jouhaud, probablement — et qu'il s'attribuait. Restaient donc cinq francs pour les deux triomphateurs, soit cinq cents francs à chacun après leurs deux cents représentations.

Et ils étaient, quand même, bien heureux !

Pour en finir avec les théâtres de ce quartier, je dirai un mot d'un autre, plus important qui, lui, possédait une vraie salle, de bonnes dimensions et bien aménagée.

Ouvert en 1835, sous le nom de théâtre de la Porte-Saint-Antoine et devenu par la suite le théâtre Beaumarchais, il a fini par être remplacé par une maison de rapport. Mais il eut un moment pour directeur un artiste du nom de Bartholy, qui n'est pas indigne de figurer à côté des deux que j'ai cités plus haut.

C'était un comique d'une certaine valeur et je me le rappelle encore dans un vieux vaudeville intitulé : *La Carotte d'or*, et surtout dans *Roquelaure, ou l'homme le plus laid de France*, son cheval de bataille, où il prouvait qu'il aurait pu tenir une bonne place dans les meilleures troupes de Paris. Mais, bohême incorrigible, il était incapable de se fixer quelque part et préférait se conduire à sa fantaisie dans une direction précaire, où il ne se maintenait qu'à force d'expédients.

Lorsqu'il ne jouait pas, il se tenait sur le boulevard, devant l'entrée de son théâtre, racolant des spectateurs en leur vantant la pièce que l'on allait donner et, bien souvent, son bagout arrivait à engraisser la recette, qui en avait grand besoin.

Que de fois je l'ai vu, dans les jours sombres, accoster un gamin en extase devant l'affiche :

— Pourquoi n'entres-tu pas? Il y a des places à dix sous.

— Je n'en ai que cinq.

— Donne-les, et va!

Et, après l'avoir poussé devant le contrôle, avec les cinq sous, il allait, pour se consoler, prendre un verre chez un marchand de vin qui avait pour enseigne : « Au *Canon* de la Bastille », à côté d'un débit de tabac qui s'annonçait : « A la *Prise* de la Bastille » !

On ne détestait pas les jeux de mots dans le bon vieux Marais !

22 juillet 1913.

XXII

Raoul Toché.

Il y a dix-huit ans. — Le père et le fils. — Étretat autrefois. — L'arrivée en diligence. — Les *caloges* sur la plage. — L'homme sauvage. — Un casino sans façon. — Les petits chevaux et la morale. — Chiens, coqs et lapins. — Le béret obligatoire. — Le trust des crevettes. — Premiers essais. — De *Paris en actions* à *la Rieuse*. — Frimousse, du *Gaulois*. — Rue Bergère. — Le téléphone avant Edison. — Dernières années. — Par les arbres!

Je parlais dernièrement de Toché, à propos de ce cercle des « Pipards », dont il avait été un des boute-en-train les plus aimés; et voilà que le hasard me fait tomber sous la main un vieux numéro de journal, daté du 19 janvier 1895 — il y a plus de dix-huit ans de cela, déjà — qui annonçait sa fin tragique aux environs de Chantilly, près des étangs de Commelle.

Ce fut un moment de surprise pour ceux qui ne l'avaient pas vu de très près pendant ses derniers mois. Comment cet être si gai, si aimable, qui avait l'existence si facile et à qui rien ne semblait manquer pour être parfaitement heureux, avait-il pu en arriver au coup de revolver final? Hélas! on ne les compte pas, ceux que la vie de Paris aura ainsi brûlés!

***

Quand je l'ai connu, rien ne me faisait prévoir qu'il serait un jour mon confrère applaudi. C'était un tout jeune homme, mince, élégant, assez timide, à qui son nez un peu long donnait un air à la fois étonné et narquois, recherchant volontiers la société des artistes, auprès desquels sa bonne grâce enjouée lui faisait trouver facilement accueil. On le voyait à presque toutes les premières, accompagnant son père, qui était, lui aussi, une figure bien familière à tout le monde des théâtres, avec ses longs cheveux soigneusement roulés en boucles et qui n'avaient pas su blanchir.

Je le rencontrais encore chez Offenbach, aux réunions hebdomadaires de la rue Laffitte, puis à Étretat, où il fit, pendant une saison, partie de la petite colonie que nous formions avec Albert Wolff, Victor Koning, Albert Vizentini, Paul

Aubert et quelques autres, et qui tenait ses assises dans une petite salle à manger de l'hôtel Blanquet, que nous nous étions attribuée.

⁂

A cette époque, Étretat était loin d'être ce qu'il est aujourd'hui. C'était déjà une station en vogue, mais fréquentée presque uniquement par les artistes et où régnait la plus grande familiarité. D'abord, le chemin de fer ne vous amenait que jusqu'aux Ifs et il fallait faire le reste du trajet en voiture ou en diligence — ce qui vous valait de jouir d'un spectacle vraiment merveilleux lorsque, parvenu en haut de la côte, sur la route de Fécamp, on apercevait tout à coup le gai petit village, campé au beau soleil, dans un vallon sur le bord de la mer, au milieu de la découpure encadrée par les falaises d'amont et d'aval. Rien que ce décor ainsi présenté valait le voyage. Aujourd'hui, avec les communications si faciles, le nombre des baigneurs a décuplé, mais en même temps ont disparu l'intimité, la camaraderie et les façons « bon enfant » de jadis : ne regrettons rien, constatons seulement.

Sur la plage, on trouvait encore quelques-uns de ces vieux bateaux retournés la quille en l'air et aménagés en habitations plus ou moins confortables, que l'on appelait des « caloges ». Un d'eux servait même de logis au compositeur Wekerlin, une physionomie inoubliable, avec sa barbe et ses cheveux hirsutes et sa mise si éloignée de toute recherche, qui auraient annoncé plutôt un homme sauvage qu'un musicien épris de mélodies fines et délicates.

Quant au Casino, en dehors du billard et des tables d'écarté, où la partie était parfois assez forte, il n'offrait guère, comme distraction, qu'un jeu de petits chevaux, installé au sous-sol et où l'on ne gagnait pas de l'argent, mais simplement des lots consistant en faïences et porcelaines variées. Il était assez amusant de voir les joueurs heureux entasser devant eux une collection de chats, de chiens, de coqs ou de lapins; mais les initiés savaient que tous ces bibelots leur seraient, en sous-main, repris contre espèces à la fin de la séance : comme cela, la façade était sauve et la morale officiellement respectée.

Bien entendu, le *smoking* y était inconnu et, pour les jeunes, la tenue obligatoire, jusqu'à l'heure du dîner, était la vareuse de molleton bleu et le béret. Sur ce point, Paul Aubert était un maître des cérémonies intransigeant : dès qu'un nouvel arrivant lui était signalé, et avant de le laisser pénétrer sur la terrasse du Casino, il s'emparait de lui et l'entraînait rue Alphonse-Karr, pour y faire emplette du béret de rigueur.

*
* *

A peine débarqué, Toché s'était signalé en imaginant un *trust* assez original, celui des crevettes. Ce n'était, du reste, pas très compliqué : la crevette n'était pas très abondante et il n'y avait en tout et pour tout qu'un seul professionnel qui, à certaines marées, récoltât, parmi les roches avoisinant « le Chaudron », une quantité appréciable de ces crustacés. Comme les communications avec le Havre n'étaient ni rapides, ni très régulières, il fallait attendre une occasion pour s'en procurer et ce n'était que dans les hôtels qu'on fût assuré d'en voir sur la table. Ainsi muni, le « trusteur » se rendit tout de suite célèbre par ses libéralités, car ce n'était pas dans un but de gourmandise égoïste qu'il s'était livré à son accaparement, mais pour reconnaître à sa façon l'accueil empressé que nous trouvions dans quelques villas amies.

— Vous verrez, disait-il, que mon « bouquet » fera autant de plaisir aux maîtresses de maison que les fleurs les plus rares.

Le fait est que les précieuses bourriches ne manquaient jamais de produire leur effet.

Je me rappelle encore les courses que nous faisions parfois le matin, soit du côté de Gonneville, où officiait le père Aubourg, l'inventeur du poulet sauté qui porte son nom, soit à Saint-Jouin, chez la belle Ernestine: Grimpés sur des chevaux de tout repos, que nous prenions au manège établi dans la « Passée », nous chevauchions au hasard dans la campagne, à travers les prés, où il nous arrivait souvent de ne plus savoir nous orienter. Mais nous ne nous en embarrassions guère : il nous suffisait de nous en rapporter à nos montures, et de leur rendre la bride : la plus noble conquête avait vite fait de retrouver le chemin du déjeuner.

Durant toutes ces promenades, jamais un mot qui indiquât chez Toché la moindre velléité d'écrire : il se réservait. Ce ne fut qu'à sa rentrée à Paris qu'il se mit à risquer ses premiers essais. Mais alors, cela ne devait plus être long. Une petite revue qu'il fit jouer chez le docteur Mandl dont les soirées étaient fort courues et où se trouvait ce refrain de circonstance :

> Ru' Marbeuf (bis)
> C'est toujours plein comme un œuf!

réussit assez pour que Wolff lui proposât d'en

faire une autre avec lui, destinée, cette fois, à un théâtre. Ce fut la *Revue des Variétés*, jouée au boulevard Montmartre et que suivit, l'année d'après, *Paris en actions,* qui tint l'affiche des Nouveautés plus de cent fois, avec les recettes les plus brillantes.

Puis, il entamait, avec Ernest Blum, une collaboration suivie, qui devait durer jusqu'au dernier jour. Pendant le court espace d'une quinzaine d'années, il a fait ainsi représenter successivement, aux Variétés, le *Voyage en Suisse* et *Madame Satan;* au Vaudeville, *Madame Mongodin* et *Monsieur Coulisset;* au Palais-Royal, *Le Parfum* et *La Maison Tamponin;* aux Nouveautés, *Le Premier baiser,* avec Émile de Najac, musique d'Émile Jonas; *Le Château de Tire-Larigot, Le Petit Chaperon rouge, Adam et Ève,* musique de Serpette; à la Porte-Saint-Martin, *Voyage dans Paris,* et à la Renaissance, *Belle-Lurette,* dont la partition était d'Offenbach et où Jane Hading, en blanchisseuse Louis XV, faisait, au troisième acte, une entrée triomphale sur un char de carnaval. Par une assez bizarre et macabre coïncidence, sa dernière pièce, donnée au Gymnase deux mois à peine avant sa mort, avait pour titre *la Rieuse :* il y avait longtemps déjà que, pour lui, c'était fini de rire!

En même temps qu'il se faisait sa place au théâtre, Toché avait commencé au *Gaulois*, en 1878, ses soirées théâtrales qu'il signait du nom de Frimousse, emprunté au *Petit Duc*, et qu'il n'abandonna jamais, trouvant chaque jour le moyen d'avoir de l'esprit, sans que ce fût aux dépens des autres, et de la malice, sans tomber jamais dans la méchanceté. Aussi ne lui ai-je pas connu d'ennemis, même parmi ceux qu'il lui était arrivé d'égratigner quelquefois — à fleur de peau et d'une main si légère !

Il fut une période où je ne passais pas une journée sans le voir au moins deux ou trois fois. J'habitais à l'angle de la rue Bergère et de la rue du Conservatoire, dans une maison qui a disparu lors des agrandissements du Comptoir d'Escompte, un appartement avec une large terrasse d'où je plongeais sur la petite cour grillée qui précède la salle de concert et dans laquelle, au moment des concours pour le Prix de Rome, je voyais les logistes prendre leur récréation, enfermés là comme fauves en cage. Le hasard des amours fit de Toché, pendant quelques mois, mon voisin d'en face. A tout instant, quand il me savait chez moi, il m'appelait sur mon balcon en agitant une petite sonnette. Seulement, rien de ce que nous nous disions ne pouvait demeurer un secret pour les voisins. Si bien qu'à la fin, agacé, il eut l'idée d'installer le téléphone pour notre usage particulier — cela bien avant qu'Édison et Graham Bell se fussent révélés à l'un et l'autre monde. Bien entendu, notre appareil était des plus primitifs : il s'agissait tout bonnement de ce jouet d'enfant bien connu qui consiste en deux petits tambours de carton reliés par un fil assez long. Tel qu'il était, il nous permettait de causer suffisamment lorsque les bruits de la rue voulaient bien faire trêve un moment. Et puis quel avantage inappréciable : pas de demoiselles du téléphone! Un simple coup de sonnette et nous avions tout de suite la communication. Nous avions établi la chose, une belle nuit, au moyen de deux ficelles descendues de nos fenêtres respectives et que chacun n'avait eu qu'à ramener à soi pour que tout fût prêt à fonctionner. Pendant longtemps, ce fil aérien ne cessa d'intriguer les passants qui s'avisaient de lever le nez. Heureusement pour nous, parmi ces passants, il ne se trouva pas un seul agent ; sinon, ce n'était pas l'opérette, mais le procès-verbal qui nous guettait!

***

Avec le succès et l'argent, son existence avait changé peu à peu. Le cercle prenant tous les instants que lui laissaient le théâtre et le journal, je ne le voyais plus que de loin en loin, toujours affable et souriant, mais un peu plus distant et nerveux. On le sentait déjà sur la pente où il serait entraîné jusqu'au bout.

Entre temps, il s'était marié, épousant une assez gentille mulâtresse, dont beaucoup se rappellent encore les yeux si vifs et la mine de joli petit singe apprivoisé. Il y eut même, à son propos, une réplique amusante de la belle et spirituelle Angèle, des Variétés :

C'était à Croissy, dans un jardin. Les deux femmes venaient d'avoir une pique et la plus jeune, rageuse, s'éloignait en disant :

— Je vais me plaindre à Raoul!

Comme elle traversait une allée en courant, Angèle lui crie :

— Prends par les arbres!

On était encore gai, ce jour-là, dans la maison du pauvre Frimousse!

24 août 1913.

CONCLUSION

J'arrête ici, provisoirement du moins, ces souvenirs, où je n'ai noté que des choses vues ou sues par moi-même. Il en est qui remontent à une époque déjà si éloignée que j'aurais pu, sans exagération, les intituler « Cinquante ans de théâtre. »

Mais je n'ai pas osé : cela risquerait trop de me faire passer pour un ancêtre — que je ne suis pas encore !

A. V.

TABLE ALPHABÉTIQUE
DES NOMS CITÉS

	Pages.
Abel (Lucy)	5
Adam (Adolphe)	44
Alphonsine	131
Altaroche	67, 69
Andrieux	115
Angèle	243, 276
Archdeacon	151
Arnoldi	82, 83
Asco (Léa d')	180
Au (E. d')	208
Aubert (Paul..),	244, 245, 267, 269, 270.
Aubourg	272
Aude	15
Audran (Edmond)	48, 192, 195, 234.
Augier (Émile)	119
Aunay (Alfred d')	244, 249
Aymard (Gustave)	115
Ballande	71
Banès (Antoine)	233, 234
Banville (Théodore de)	67

	Pages
Barbier (Jules)	24
Baron	114
Barral	236
Barrière (Théodore)	24, 111, 117.
Bartholy	265
Belot (Adolphe)	20, 23
Bérardi (Gaston)	244, 250
Berne-Bellecour	244
Berthelier	49, 179
Bertrand (Eugène)	14, 111, 112, 115, 118, 133, 134.
Bidel	244
Bischoffsheim	3
Bisson (Alexandre)	110
Bizet (Georges)	4, 102, 104
Blandin	190
Blondeau (Henri)	111, 262, 263
Blum (Ernest)	23, 27, 38, 152, 153, 155, 244, 273.
Boccherini	43
Boieldieu	44
Boisgonthier	71

TABLE ALPHABÉTIQUE DES NOMS CITÉS

	Pages.
Boisselot	32
Bonheur (Alice)	236
Bonnet	25
Bouffar (Zulma)	98, 180, 182
Bouffé	110
Bourdon	160
Bourgeois	200
Bouvier (Alexis)	237
Boyer (Georges)	39, 211
Brandus	211
Brasseur père	45, 47, 48, 49, 51, 155, 158, 231
Brasseur (Albert)	51
Bressant	138
Brohan (Augustine)	165
Brohan (Madeleine)	165
Broussan (Mme)	167
Burani (Paul)	33
Busnach (William)	4, 5, 9, 24, 32, 122, 185, 187, 188, 189, 190, 191, 195, 197, 237
Cadol (Édouard)	32
Callais	81
Calvin	156, 195
Cantin	16, 17, 129, 223, 229
Capus (Alfred)	129
Carraby	162
Carvalho	207
Chabrier (Emmanuel)	59, 199, 200, 202, 203, 204, 205, 206, 208, 209, 210, 228
Chalmin	193
Champfleury	43
Chaumont (Céline)	80, 93
Charlot (Maurice)	23
Chassaigne (Francis)	47
Chéret	97
Chéri (Rose)	138, 141
Chéri-Lesueur	138
Chivot (Henri)	5, 233

	Pages.
Chizzola	233
Choler (Adolphe)	153, 154, 157
Choler (Saint-Agnan)	153
Christian	25, 33, 46, 98
Clairville	11, 15, 25, 46, 154, 217, 226
Cédès	214, 217
Cogniard (Théodore)	25, 57
Cogniard (Hippolyte)	25, 57, 109, 110, 111
Cogniard (Léon)	110
Comte	55
Comte (Charles)	31, 57, 203, 205, 206, 228
Constantin	41
Cooper	111
Coquelin aîné	101, 166, 208
Coquelin cadet	118, 208
Cornélie	204
Cornil	97, 177
Costé (Jules)	9, 10, 38
Coudert	231, 235, 237
Coulomb (Mlle)	200
Couturier	204
Crémieux (Hector)	25, 27
Crénisse (Mlle)	155
Crisafulli	141
Daguerre	111
Daiglemont	73, 74
Dailly	71
Damain (Denise)	208
Damain (Hortense)	208
Daubray	7, 21, 25, 32, 61, 71, 156, 158, 161, 195, 204
Daudoird (Mlle)	71
Davrigny	208
Debreux (Marguerite)	37
Debruyère	52, 53, 192, 221
Dechaume	261, 262, 263, 264

TABLE ALPHABÉTIQUE DES NOMS CITÉS 281

Noms	Pages
Dechesne	193
Déjazet (Virginie)	69, 78
Déjazet (Eugène)	69, 71, 73
Delacour	155
Delalande	20
Delaporte (Marie)	141
Delibes (Léo)	4, 101
Delilia (Alfred)	257
Delmonico	45
Delorme (M⁰⁰)	127
Derval	110, 112, 113, 115
Désiré	5, 6, 7, 37, 57, 62, 63
Desclauzas	17, 80, 179
Desmonts	37
Detaille (Édouard)	102, 104
Dinochau	150
Dormeuil	153, 156, 158
Dubois	50
Dulac (Odette)	236
Dumas père	21, 42, 82, 138
Dumas fils	81, 132, 142, 144
Dunan-Mousseux	76, 77
Duparc (Mlle)	193
Duprato	44
Dupuis (José)	38, 39, 68, 71, 214, 249
Dupuis (Adolphe)	110
Duru (Alfred)	5, 14
Duval (Aline)	80
Duval (Georges)	224, 227, 234, 235, 236
Édouard-Georges	37
Enoch (W.)	209
Ernestine (la belle)	272
Faure (Félix)	234
Ferrier (Paul)	64
Ferville	110
Feuillet (Octave)	141
Fischer	96
Fournier (Marc)	81
Fromont	97
Gallet (Louis)	293
Gandillot (Léon)	75
Garin	137
Gaspari	133, 228, 229, 230
Gauthier (Gabrielle)	38, 243
Gautier (Théophile)	95
Gailhard (Pedro)	241
Geoffroy	155
Géraldine (Mlle)	68
Géricault	42
Ghinassi (Blanche)	243
Gilberte	233
Gille (Philippe)	9, 72, 133
Gil-Pérez	155
Ginet (Paul)	127
Gobin	193
Godfrin	241
Gourdon	68
Grangé (Eugène)	16, 113
Granier (Jeanne)	23, 81, 83, 84, 85, 131, 231
Granier (Irma)	81
Grandville (Mlle)	243
Grenier	37, 38, 39, 114, 115, 131, 241
Grévin	39, 97, 178
Grisar (Albert)	26, 44
Grivot	98
Grivot (Laurence)	95
Guyon fils	193
Hading (Jane)	207, 273
Halévy (Ludovic)	21, 257
Heilbronn (Marie)	38
Hérold	44
Hervé	67, 68, 73, 230
Hinstin	244
Hirsch (Gaston)	200, 202

16.

Pages.
Hostein (Hippolyte). 21, 23, 25
  27, 28, 79, 217.
Houssaye (Arsène)........ 91
Howey (Marie)............. 193
Huart 67, 69
Huber 235
Huguenet................. 233
Humbert (Eugène).. 12, 13, 14
  15, 33, 122, 123, 127, 130
  132, 133.
Husson 260
Hyacinthe............ 113, 155

Isola (les frères)......... 215

Jacobi (Georges).......... 59
Jaime (Adolphe)........ 27, 72
Jallais (Amédée de)... 75, 76
Jannin 204, 233
Jolly,.............. 127, 132, 204
Jonas (Emile)... 4, 10, 11, 47
  273.
Joncières (Victorin)...... 104
Jouhaud (Auguste).... 261, 264
Judic (Anna)... 13, 32, 33, 211

Keller (Mlle)............. 155
Kelm (Joseph)............ 68
Koning (Victor).... 15, 29, 33
  80, 152, 176, 183, 207, 213
  215, 217, 219, 221, 269.
Kopp 111

Labiche (Eugène)..... 118, 151
Lacombe 59
Lacome.................. 207
Lafont 73, 110
Lafontaine 138, 142, 148
Lafontaine (Victoria)..... 112
Lagier (Suzanne).... 212, 213
  250.
Lagoanère (Oscar de)..... 233

       Pages
Landrol................. 138
Lanjallay............... 114
Lagarde (Paul)........... 167
Lajarte (Théodore de).... 47
Lamy (Charles)...... 233, 233
Lamy (Maurice).......... 231
Laporte 261
Laporte (Léonie)......... 235
Larbaudière............. 193
Larcher (Eugène)........ 233
Lasseny 9, 187
Lassouche........... 156, 158
Launay (Rachel)......... 200
Laurent (Eudoxie)........ 76
Lavigne (Alice).......... 195
Le Bargy................ 110
Leblanc (Léonide)........ 213
Lecocq (Charles).. 4, 5, 10, 12
  14, 15, 47, 83, 84, 122, 123
  129, 132, 133, 182, 192, 197
Legrand (Berthe)......... 213
Legrand (Paul)........... 43
Legault (Maria).......... 145
Legouix (Isidore)....... 4, 158
Legrenay................ 71
Lemercier (Eugénie)...... 158
Lemonnier (Clara)........ 71
Léonce........... 5, 6, 114, 116
Leriche (Augustine)...... 195
Lesueur.... 112, 114, 116, 138
  145, 147.
Leterrier (Eugène).. 7, 57, 80
  83, 93, 108, 112, 189, 200, 233
Levassor................ 70
Lévy (Armand)........... 244
Lhéritier............... 135
Lisbonne................ 233
Lody (Alice)............ 145
Lovato (Mlle)...........   5
Luce (Mlle)............ 206
Luguet (Henri).......... 157

TABLE ALPHABÉTIQUE DES NOMS CITÉS

	Pages.
Luigini (Pauline)	127
Malhesherbes (de)	163
Manasse	71
Mandl (D{^{r}})	273
Manet (Edouard)	200
Manson	236
Marchal (Charles)	151
Marié (Galli)	57
Marié (Irma)	5, 57
Marié (Paola)	25, 57, 201
Mariquita	193
Martinet	42, 43, 44
Marx (Léon)	256
Massenet (Jules)	38
Massin (Léontine)	155, 213
Maugé	231, 233
Meilhac (Henri)	97, 257
Mélanie	32, 138
Mesmaeker	193
Messager (André)	223, 234, 235
Micheau (M{^{me}})	46, 49
Micheau (Henri)	48, 196
Michel (Marc)	151
Milher	76, 156, 257
Millaud (Albert)	101
Mily-Meyer	59, 80, 180, 231, 232.
Mitchell (Robert)	91
Moisard (D{^{r}})	160
Moncharmont (M{^{me}})	167
Monpou (de)	44
Monréal (Hector)	111, 262, 263.
Monsigny	44
Montaland (Céline)	213
Montbars	156, 158
Montigny	110, 112, 113, 145, 147, 219.
Montrouge	4, 26, 27, 186, 232
Morlet	207
Mortier (Arnold)	118, 231
Mozart	44
Muffat	256
Najac (Emile de)	273
Napoléon	191, 192
Narrey (Charles)	93
Noriac (Jules)	31, 57, 58, 59, 60, 61, 62, 66, 93, 223.
Numa	158
Offenbach (Jacques)	3, 13, 24, 25, 34, 55, 56, 57, 79, 80, 81, 86, 91, 93, 95, 98, 131, 158, 180, 203, 231, 267, 273.
Oller	44, 45
Oppenheim	192, 193, 194
Paccini (Emilien)	104
Page (Adèle)	215
Paulin-Ménier	28, 116, 153
Paulus	191
Paurelle (Elmire)	155
Pélissier	158
Pellerin	156
Périer (Jean)	236
Peschard (M{^{me}})	24
Philippe (Edouard)	211, 217, 218, 251.
Piccaluga	232, 233
Piccolo (M{^{lle}})	180
Planquette (Robert)	47, 192
Plunkett	153, 157
Poise (Ferdinand)	44
Porel	211
Potier (Henri)	57
Pradeau	32
Prioleau	145
Prioleau (M{^{me}})	145
Prioleau (Juliette)	145
Priston	138

TABLE ALPHABÉTIQUE DES NOMS CITÉS

	Pages.
Pujet (Félix)	131
Raymond	156
Reboux (Mélanie)	26
Regnard	236
Réval (Mlle)	207
Ribeaucourt (Mlle de)	155
Ricci (Frederico)	44
Riecx (G. de)	208
Rigolon	261
Rillé (Laurent de)	7, 10, 108
Ritter (Théodore)	244
Roch	64
Rochefort (Henri)	151
Roqueplan (Nestor)	213
Rouché (Jacques)	199
Sand (George)	138
Samary (Jeanne)	165, 171
Samson	120
Sardou (Victorien)	34, 70, 133 141, 147.
Sari	4, 122, 186
Schneider (Hortense)	155, 213
Scipion	98, 208
Scholl (Aurélien)	134, 196, 213
Séjour (Victor)	215
Serpette (Gaston)	38, 48, 64 233, 239, 244, 248, 249, 273
Simon-Girard (Mme)	193, 233
Simon-Max	193
Siraudin	134, 155, 217
Silly	26
Stuart (Berthe)	208
Sytter	4, 5
Strauss (Johann)	29
Sully (Mariette)	243, 236
Suppé (Franz de)	47
Talma	191

	Pages
Tarbé (Edmond)	143
Tarbé (Eugène)	215
Tariol-Baugé	236
Théo (Louise)	23, 80, 81, 83.
Thérésa	23, 217, 243
Thiboust (Lambert)	113
Thierret (Mme)	80, 155
Tissier	68, 71, 98
Toché (Raoul)	47, 104, 211 218, 219, 267, 270, 273, 274
Tréfeu (Etienne)	93
Troy	23
Uchard (Mario)	92
Ugalde (Delphine)	229, 230 231, 233.
Ugalde (Marguerite)	48, 53 231, 233.
Ulric	145
Valter (Jehan)	244, 250
Valmont	255
Van Ghell (Anna)	7
Varney (Louis)	47
Vasseur (Léon)	27
Vauthier	12, 131, 134, 179, 231 233.
Vergeron	257
Verne (Jules)	116
Vibert	102, 104, 244
Victoria	140, 148
Vigoureux (Mme)	236
Vitu (Auguste)	231
Vizentini (Albert)	87, 88, 96 245, 269.
Vizentini (Mme A.)	145
Volsy (Mlle)	208
Wagner (Richard)	205

TABLE ALPHABÉTIQUE DES NOMS CITÉS

	Pages.		Pages.
WALLACE (Richard)	45	WOLFF (Albert)	47, 103, 153
WECKERLIN	270		269, 273.
WIDMER (Mario)	137	WOLFF (Pierre)	40
WILDER (Victor)	45	ZOLA (Émile)	25, 189

TABLE DES CHAPITRES

		Pages.
I.	L'Opérette en sous-sol..........	1
II.	Les Cent Vierges. — La Fille de Madame Angot..............	11
III.	A la Renaissance, de 1873 à 1875....	19
VI.	Un bal chez Judic............	31
V.	Le Théâtre des Nouveautés (1878-1911).	41
VI.	Les Bouffes-Parisiens (de 1868 à 1878).	55
VII.	Le Théâtre Déjazet (1852-1912)......	65
VIII.	Les débuts de Jeanne Granier......	79
IX.	Jacques Offenbach............	61
X.	Histoire d'un four............	108
XI.	*Girofté-Girofla*............	121
XII.	Le Gymnase Montigny..........	138
XIII.	De chez Brébant au Théâtre du Palais-Royal..............	149
XIV.	Jeanne Samary...........	153

TABLE DES CHAPITRES

		Pages.
XV.	*La Camargo*	175
XVI.	William Busnach	185
XVII.	A propos d'Emmanuel Chabrier	199
XVIII.	Victor Koning	211
XIX.	Une pièce par la fenêtre	223
XX.	Le Pipard	239
XXI.	Petits Théâtres d'autrefois	253
XXII.	Raoul Toché	265

FIN

Saint-Denis. — Imp. V• Bouillant et J. Dardaillon.

www.ingramcontent.com/pod-product-compliance
Lightning Source LLC
Chambersburg PA
CBHW071529160426
43196CB00010B/1713